Ethik – Demokratie – Behinderung

Europäische Hochschulschriften

European University Studies

Publications Universitaires Européennes

Reihe XI	**Pädagogik**
Series XI	Education
Série XI	Pédagogie

Band/Volume **1034**

Björn Eisenmann

Ethik – Demokratie – Behinderung

Inklusive Pädagogik auf der theoretischen Grundlage von Disability Studies

Bibliografische Information der Deutschen Nationalbibliothek
Die Deutsche Nationalbibliothek verzeichnet diese Publikation in der Deutschen
Nationalbibliografie; detaillierte bibliografische Daten sind im Internet über
http://dnb.d-nb.de abrufbar.

ISSN 0531-7398
ISBN 978-3-631-65439-2 (Print)
E-ISBN 978-3-653-04618-2 (E-Book)
DOI 10.3726/978-3-653-04618-2

© Peter Lang GmbH
Internationaler Verlag der Wissenschaften
Frankfurt am Main 2014
Alle Rechte vorbehalten.
PL Academic Research ist ein Imprint der Peter Lang GmbH.
Peter Lang – Frankfurt am Main · Bern · Bruxelles · New York · Oxford · Warszawa · Wien

Das Werk einschließlich aller seiner Teile ist urheberrechtlich geschützt.
Jede Verwertung außerhalb der engen Grenzen des Urheberrechtsgesetzes ist
ohne Zustimmung des Verlages unzulässig und strafbar.
Das gilt insbesondere für Vervielfältigungen, Übersetzungen, Mikroverfilmungen
und die Einspeicherung und Verarbeitung in elektronischen Systemen.

Diese Publikation wurde begutachtet.

www.peterlang.com

Inhalt

Ein Essay als Vorwort 7

Einleitung 19

I   Ethik und Demokratie 23
      1. Das Problem der Ethik 23
      2. Demokratie heute 37
      3. Braucht Demokratie eine Ethik? 40
      4. Folgen der Convention on the rights of persons with disabilities für Ethik und Demokratie 43
      5. Vorüberlegungen zu einer inklusiven Ethik 49

II   Inklusive Pädagogik auf der Grundlage von Disability Studies ... 59
      1. Über die Convention on the rights of persons with disabilities und Inklusion 59
      2. Inklusive Pädagogik – mehr als nur ein Wort? 61
      3. Was ist Demokratiepädagogik? 65
      4. Folgen der Convention on the rights of persons with disabilities für (Schul-)Pädagogik 68
      5. Zum Verhältnis von inklusiver Pädagogik und Disability Studies 76
      6. Schnittmengen und Desiderate inklusiver (Schul-)Pädagogik und Demokratiepädagogik 82
      7. Demokratische Schule als Erfahrungsraum von inklusiver Pädagogik 86
      8. Eine pädagogische Utopie als Gedankenexperiment 91

Reflektierender Ausblick 99

Literaturverzeichnis 103
      Einleitender Essay 103
      Haupttext 106

Ein Essay als Vorwort[1]

Es erscheint ungewohnt eine Abhandlung die für sich wissenschaftlichen Gehalt in Anspruch nimmt mit einem Essay einzuleiten, doch schien dies die geeignete Form, um aufzuzeigen, in welchem Zusammenhang Ethik, Demokratie und Behinderung stehen und welche Rolle innerhalb dieser Begrifflichkeiten die Pädagogik als einendes Band spielt.

Unser Alltag ist überfüllt mit Barrieren. Manche nehmen wir bewusst wahr, andere bleiben uns verborgen – warum? Weil sie für die Majorität der Bevölkerung keine Barrieren darstellen. Etwa eine zu hoch oder zu niedrig angebrachte Informationstafel, ein unübersichtliches Regal in einem Supermarkt, ein schlecht gepflasterter Gehweg, ein ungenügend strukturierter Fahrplan an der Bushaltestelle oder überhöhte Trittstufen an einem Zug. All das kann aufgrund physischer oder kognitiver Eigenschaften zu einer Barriere im Alltag von Menschen werden – oder eben nicht. Aber Barrieren solcher Art sind sichtbar, obgleich sie nicht von jedem als solche wahrgenommen werden. Dann gibt es noch die unsichtbaren Barrieren. Warum unsichtbar? Weil die schon angesprochene Majorität der Bevölkerung nicht davon betroffen ist und sie schlicht übersehen werden? Nein, unsichtbare Barrieren bestehen im Denken von Menschen, in der Struktur und Tradition von Institutionen. Unsichtbare Barrieren bestimmen in unserer Gesellschaft darüber, wem es gestattet ist zu partizipieren, wer wirklich Teil dieser Gesellschaft ist. Man kann sie nicht sehen, lediglich ihre Wirkung ist sichtbar, es gibt ein Drinnen und ein Draußen, ein Dabeisein und ein Nichtdabeisein.

Die vorliegende Arbeit wagt den Versuch einige dieser sichtbaren und unsichtbaren Barrieren aufzuzeigen. Der Fokus wird dabei im Besonderen auf die Anliegen von Menschen mit Behinderungen und die Barrieren gerichtet sein, die dazu führen, dass eine bedingungslose Partizipation innerhalb eines demokratischen Rechtsstaats nicht in vollem Umfang gelebt werden kann. Doch erscheint es an dieser Stelle nicht genug einige dieser Barrieren lediglich aufzuzeigen. Vielmehr geht es um die Folgen der Barrieren. Sie führen dazu, dass das Recht auf Selbstbestimmung und Gleichberechtigung durch sichtbare und unsichtbare Barrieren eingeschränkt wird, was zu einer faktischen Diskriminierung führt.

---

[1] Aus der Freiheit des Essays heraus, wurde hier auf exakte Nachweise verzichtet. Um meine Anleihen aber nicht nur dem Fachpublikum, dass diese sicher erkennt, vorzubehalten, habe ich mich dazu entschlossen, das Literaturverzeichnis des hier vorliegenden Bandes am Ende mit einem separaten Verzeichnis der Quellen dieses Essays zu versehen.

„Jeder hat das Recht auf freie Entfaltung seiner Persönlichkeit" lesen wir im Grundgesetz der Bundesrepublik Deutschland. Gilt dieses jeder nun auch wirklich für jeden? In Artikel 3 lesen wir weiter, dass es Geschlecht, Rasse, Abstammung, Sprache, politische und religiöse Überzeugungen enthält, in einem zweiten(!) Satz auch, dass mit jeder auch Menschen mit Behinderung inbegriffen sind. Aber wie sieht dies nun ganz praktisch aus? Richtet man den Fokus weiter auf den juristischen Sektor, scheint alles getan, was zur Umsetzung von Nöten ist. Es wurde ein Gesetzestext zur Gleichstellung von Menschen mit Behinderungen formuliert, der mit dem 1. Mai 2002 in Kraft getreten ist. Ein recht umfassend behandelter Teil dieses Gesetzes widmet sich der Barrierefreiheit und trägt somit seinen Teil dazu bei, dass die Bibliothek in der ich saß – während ich viele dieser Zeilen schrieb – von Beginn an mit einem Aufzug konzipiert wurde, der alle drei Ebenen miteinander verbindet. Er ist für jedermann zugänglich und spart einem oft den ein oder anderen Meter, wenn man etwa mit allzu vielen und schweren Büchern beladen ist. Leider fehlt ihm eine Beschriftung in Braille. Abgesehen von der automatischen Drehtür – die als offizieller Eingang gedacht ist – ist auch der Zu- und Ausgang dieses Gebäudes auffallend frei von Barrieren.

Doch wie gestaltet es sich im Notfall? Ausreichend Fluchtwege sind zwar vorhanden, hält man sich jedoch nicht gerade in der untersten Ebene auf, begegnet man einer breit angelegten Metalltreppe, die mit einigen Windungen den Weg in die Sicherheit bietet, nicht die optimalen Bedingungen für Menschen die auf Gehhilfen oder Rollstühle angewiesen sind. Unwillkürlich kommen Erinnerungen mit einem bitteren Beigeschmack an das Jahr 2002 in mir hoch. Damals vor nunmehr fast 12 Jahren, der Bundestagswahlkampf läuft auf seine heiße Phase zu und ich bin mit einer Gruppe junger Menschen auf einer Rollstuhlexkursion in einer großen deutschen Stadt unterwegs, um Selbsterfahrung zu sammeln. Von dem damals gerade vor wenigen Monaten verabschiedeten Gesetz weiß keiner der angesprochenen Wahlkämpfer etwas zu berichten. Doch damit nicht genug. Ein kurzer Sturz mit dem Rollstuhl sorgte dafür, dass eine belebte Innenstadt binnen weniger Sekunden menschenleer war: einige verschämte Blicke, viele abgewandte Gesichter und noch mehr Beine, die sich vom Ort des Geschehens weg bewegten. An Hilfe dachte in diesen Momenten augenscheinlicher Hilflosigkeit niemand. Wem würde da nicht beim Gedanken etwa an eine brennende Bibliothek ein kalter Schauer über den Rücken laufen?

Stellt sich hier nicht die Frage, ob barrierefreier Zugang mehr beinhaltet als die Möglichkeit eine Einrichtung problemlos betreten und nutzen zu können? Beinhaltet das Recht auf die freie Entfaltung der Persönlichkeit nicht auch das Recht in einem Notfall den nächstgelegenen Rettungsweg nutzen zu können? Oder bedarf es einer solchen Gleichstellung eben nicht; können wir uns hier guten Gewissens auf Darwin berufen und den Mangel nicht an den baulichen Umständen suchen, sondern eben an den betroffenen Menschen, die nicht in der Lage sind sich der veränderten Situation schnell genug anzupassen, die nicht stark, tüchtig oder passend genug für eine Universitätsbibliothek sind? Folglich klingt es in vielen Ohren nicht überraschend, wenn Michael Maschke darauf hinweist, dass in der Politik Parolen nach Integration, Gleichberechtigung, Partizipation oder gar Inklusion zwar mehr und mehr zu hören sind, die Trennung der Begriffe hingegen immer mehr verwischt oder gar aufgehoben wird. Zum einen zeigt uns diese Tendenz, dass die Debatte in der Politik zwar angekommen ist, doch offensichtlich die etymologische Problemstellung nicht in vollem Umfang erfasst wird. Denn im Grunde, so bringt es Anne-Dore Stein auf den Punkt, geht es um eine gesellschaftspolitische Frage, die gleichgestellte Teilhabe aller an der Gesellschaft ist der Kern des Problems, das nicht durch die Debatte um die Stellung von Begriffen zueinander gelöst werden kann.

So stellt sich die elementare Frage, ob dieses Ziel – eine gleichgestellte Teilhabe aller in unserer Gesellschaft lebender Menschen – zu realisieren ist, solange einem Teil dieser Gesellschaft der Zugang verwehrt bleibt, sei es durch kulturelle Barrieren oder handfeste Barrieren, wie etwa überhöhte Bordsteine, Drehtüren an öffentlichen Einrichtungen, fehlende Auffahrtsrampen zu nicht ebenerdig liegenden Gebäuden etc. Dies scheint mehr als fragwürdig. An dieser Stelle, man mag es mir nachsehen, gehe ich soweit, dass ich postuliere: Solange Barrieren – gleich welcher Art – unseren Alltag prägen, ist ein wirklich demokratisches Miteinander, ein gleichberechtigtes Leben nicht möglich!

Nach fünfjähriger Entstehungsgeschichte hat die Generalversammlung der Vereinten Nationen am 13. Dezember 2006 das Übereinkommen der Vereinten Nationen über die Rechte von Menschen mit Behinderungen verabschiedet. Bis 2010 wurde das Dokument von 144 Staaten unterzeichnet. Theresia Degener stellt diesbezüglich fest, dass nicht einmal die Kinderrechtskonvention in einem solch kurzen Zeitraum so viel Zustimmung finden konnte. Den inhaltlichen Kern dieser Vereinbarung kann man schon in Punkt c) der Präambel klar erkennen. Dort heißt es, „dass alle Menschenrechte und Grundfreiheiten allgemein gültig und unteilbar sind, einander bedingen und miteinander verknüpft sind und dass Menschen mit Behinderungen der volle Genuss dieser Rechte und Freiheiten ohne Diskriminierung garantiert werden muss". Die logische Schlussfolgerung für die Bundesregierung: eine Ergänzung des Grundgesetzes, um den Kern der Deklaration aufzunehmen und in einen rechtsstaatlichen Rahmen zu fassen, da man es als Meilenstein auf dem Weg hin zu einer inklusiven Gesellschaft sieht, deren Ziel eine Partizipation aller von

Anfang an ist, frei von jeglichen Barrieren. Am 8. November 2008 wurde ein entsprechender Gesetzentwurf mit der Unterschrift der Bundeskanzlerin, Angela Merkel, an den Präsidenten des Bundestages, Norbert Lammert, übersandt. Ein Antrag der Bundestagsfraktion Bündnis 90, Die Grünen (Drucksache 16/10841), das Gesetz wesentlich umfassender an der UN-Deklaration zu orientieren und die Übersetzung der Deklaration treffender dem Original anzugleichen, wurde durch die damalige Stimmenmehrheit von CDU/CSU sowie SPD abgelehnt. Das Gesetz als solches wurde mit den Stimmen aller im Bundestag vertretener Fraktionen verabschiedet, mit Ausnahme der FDP, die sich geschlossen enthielt. Die protokollierende Abgeordnete, Silvia Schmidt vermerkte dazu, dass die FDP sich enthalten habe, weil sie die Ansicht der damaligen Regierung nicht teilte, dass die geforderten sozialen und baulichen Umsetzungen schon in vollem Maße vorhanden wären. MdB Erwin Lotter legte in einer zu Protokoll gegebenen Rede zu diesem Punkt unmissverständlich und exemplarisch offen, dass Deutschland über kein inklusives Schulsystem verfügt. Degener bestätigte mittlerweile, dass inzwischen sogar ein offizielles Rechtsgutachten vorliege, das die Zweifel der FDP Fraktion bestätige.

Erstaunlich, dass diesem Einwand von juristischer Seite zugestimmt wurde. Immerhin stellte der Verwaltungsgerichtshof von Baden-Württemberg im April 2005 noch fest, dass es etwa keine Verpflichtung für ein Eisenbahnunternehmen geben kann, einen barrierefreien Zugang zu Bahngleisen zu gewährleisten, auch dann nicht, wenn – wie in dem dargestellten Fall – ein Bahnhof ursprünglich barrierefrei war und im Zuge von Umbaumaßnahmen eben diesen Kriterien nicht mehr entsprechen konnte. Ohnehin scheint sich »Die Bahn« uneins zu sein, was sie denn will. So mag man es noch als kleine redaktionelle Schwäche abtun, dass in ihren „Zugangsregelungen für Personen mit Behinderungen und Personen mit eingeschränkter Mobilität gemäß der EU-Passagierrechtsverordnung (EG) 1371/2007 bei der DB Station&Service AG" aus Personen mit Behinderungen oder Personen mit eingeschränkter Mobilität dann doch wieder zu behinderte Reisende oder behinderten Kunden werden. Die Tatsache, dass die Nutzung des Telefonservices des Bahn Mobilitäts-Centers kostenpflichtig ist, kann man als Abzocke verstehen, unverschämt hingegen ist es, im selben Jahr, in dem sie einen einst barrierefreien Bahnhof zu einem Bahnhof mit Barrieren zurückentwickeln eine Broschüre zu veröffentlichen, in der es heißt:

> *Bahnhöfe und Haltepunkte werden im Zuge von Neu- und umfassenden Umbaumaßnahmen nach und nach barrierefrei gestaltet. Dabei orientiert sich die DB Station&Service AG an den gültigen Regelwerken und anerkannten Regeln der Technik zum Barrierefreien Bauen im Eisenbahnwesen und berücksichtigt diese Anforderungen in ihren Standards.*

Es drängt sich die Frage auf, liegt hier nicht eine Verletzung der im Grundgesetz verankerten Menschenrechte vor? Werden hier nicht Menschen benachteiligt, die aufgrund von Handicaps nicht in der Lage sind am Bahnhof um die Ecke in einen Zug einzusteigen? Werden hier nicht elementare demokratische Freiheitsrechte eingeschränkt? Kann es wirklich sein, dass – wie Hans-Günther Heiden feststellt – es heute immer noch angeht, dass wir ein Menschenbild haben, das sich rein äußerlich an dem von da Vinci gewonnenen orientiert, ist der Durchschnittsmensch wirklich der muskelbepackte Mann? Werden die Bedürfnisse von Menschen mit Behinderungen nicht wahrgenommen, weil sie in der Öffentlichkeit als unsichtbar gelten – eine These, die Monika Seifert mit auf den Weg gibt. Was ist mit den immer mehr und immer älter werdenden Menschen in unserer Gesellschaft, die diesen Ansprüchen des homo universalis nicht (mehr) gerecht werden können? Es ist ein schöner und gut gemeinter Ansatz, Prüfsiegel nach DIN zu entwickeln, die barrierefreies Bauen, Wohnen und die Nutzung öffentlicher Einrichtungen garantieren sollen. Doch kann wohl kaum von Selbstbestimmung gesprochen werden, wenn öffentliche Verkehrsmittel es nicht jedem gewährleisten können, dass eben jene Einrichtungen für alle erreichbar und somit wirklich verfügbar sind. Aber was für öffentliche Angelegenheiten gilt, sollte das für ein „normales" Leben nicht auch für den Alltag, die Freizeit und Privatsphäre selbstverständlich sein? Oder können wir es als Gesellschaft getrost hinnehmen, dass Überschriften z.B. in der Online-Ausgabe des Spiegels wie „Besatzung verweigert Rollstuhlfahrerin den Flug" existieren, Überschriften, hinter denen sich eine schockierende Geschichte verbirgt? Ist es normal, dass Familien die ein Mitglied mit Behinderungen umfassen nach Antritt des Urlaubs aus der Ferienwohnung geworfen werden? Freizeit macht einen nicht unerheblichen Teil der Lebensqualität des menschlichen Lebens aus. Menschen mit Behinderung wird nur allzu oft eine geringere Lebensqualität nachgesagt. Ein Blick auf die letzten Zeilen verrät, warum Reinhard Markowetz' soziales Lackmuspapier eine extreme Verfärbung aufzeigt: Menschen mit Behinderung erfahren Aussonderung wenn es um die Gestaltung ihrer Freizeit geht. Hier zeigt sich unmissverständlich, dass Behinderung eben ein soziales Konstrukt ist. Wenn – wie Opaschowski zu Genüge bewiesen hat – Freizeit einen elementaren Einfluss auf die Lebensqualität hat und Menschen mit Behinderung durch soziale Segregation an diesem Punkt benachteiligt werden, dann liegt es auf der Hand, dass es zu einer Einschränkung von Lebensqualität kommt, die eben nicht im Individuum verankert ist, sondern durch die gesellschaftlichen Rahmenbedingungen konstruiert wird. Wie sieht es mit dem Alltag aus? Menschen werden behindert, weil sie aufgrund von Barrieren öffentliche Einrichtungen oft nicht nutzen oder noch nicht einmal erreichen können. Wir sind also weit davon entfernt Menschen mit Behinderungen eine selbstbestimmte Freizeit- und Urlaubsgestaltung zu ermöglichen. Barrierefreie und somit letztendlich selbstbestimmte Behördengänge sind ihnen nicht immer uneingeschränkt möglich, zwei Punkte, an denen das Recht auf freie Entfaltung verletzt wird. Werfen wir einen Blick auf die Wohnungsmöglichkeiten von Menschen mit Behinderungen. Hier wurden in den letzten 60 Jahren bahnbrechende und äußerst löbliche Fortschritte gemacht, eine übersichtliche Dokumentation hierzu hat Christina Vanja verfasst. Mit Ende des zweiten Weltkrieges verloren die von den Nazis erlassenen Euthanasiegesetze ihre Wirkung, doch die von ihnen errichteten Einrichtungen wurden – der Einfachheit halber – zunächst noch für einige Jahre beibehalten. Ebenfalls beibehalten wurde die Tradition, Menschen in meist hoffnungslos überfüllte Fürsorgeeinrichtungen abzuschieben. Demokratie? In der nicht abgeschobenen Öffentlichkeit: Ja, für die Abgeschobenen: Nein. Eine umfangreiche Reformation brach erst Mitte der 1970er Jahre los. Erschütternd wirkt es, dass die ersten Züge demokratischer Mitbestimmung der wohnlichen Lebenssituation von Menschen mit Behinderungen erst weitere zehn Jahre später mit einer Vereinbarung zum betreuten Wohnen zu erkennen sind. Exemplarisch für die Missstände, aber auch für die positive Entwicklung der Wohnungssituation, beschreibt Theodorus Maas die evangelische Stiftung Alsterdorf. Dort lebten bis Ende der 1970er Jahre Menschen unter absolut unmenschlichen Bedingungen zusammengepfercht. Ein 1984 hinzugefügter Neubau ähnelte seiner Konzeption und seinem Aussehen nach mehr einem Gefängnis denn einem Ort zum Wohlfühlen, des sich Zurückziehens, des Lebens und Wohnens. Umso erstaunlicher der spektakuläre Umbruch. Die Einstellung eines professionellen Managerteams, ein ironisches Lächeln unter den Mitarbeitern und purer Unglaube seitens der Behörden bildeten die Grundlage des Umbruchs und waren ein Teil des Fundamentes, auf dem der Neuanfang gegründet war. Auf der anderen Seite die Bereitschaft der evangelischen Stiftung Alsterdorf von der traditionellen Sichtweise ihrer Arbeit Abschied zu nehmen. Es hieß also weg von der diakonischen Sichtweise des eindimensionalen, barmherzigen Helfens. Das Resultat: Weg von der zentralen Einrichtung, Überwinden einer wichtigen sozialen Barriere, nicht mehr Absondern in stigmatisierenden Einrichtungen, sondern gesellschaftliche Teilhabe stehen nun auf den Fahnen. Die ehemaligen Bewohner leben nun in verschiedenen Stadtteilen, in ganz alltäglichen Häusern und Wohnungen, in ganz alltäglichen Lebensumständen, alleine, zu zweit oder in einer WG. Eine konsequente Sozialraumorientierung trägt dazu bei, dass die Umstrukturierung gelingen kann und Schritt für Schritt Inklusion erarbeitet wird.

Allerdings: Nichts geht in Deutschland ohne vorherige behördliche Genehmigung oder festgesetzte Richtlinien. Diesem Umstand verdanken wir die DIN

18025. Aufgesplittet in 2 Teile gibt diese Industrienorm vor, welche Wohnungen sich mit dem Prädikat barrierefrei schmücken dürfen und welche eben nicht. Mit erstaunlicher Präzision gibt die DIN 18025 vor, was eine barrierefreie Wohnung ausmacht, Axel Stemshorn gibt einen weitreichenden Einblick in die Vorgaben. Die Deutsche Industrie-Norm (DIN) beschreibt Gegebenheiten des Innen- und des Außenbereiches, ja sogar die Konstruktion von Decken und Wänden wird darin berücksichtigt unter der Prämisse, dass diese ggf. dafür geeignet sein müssen, um Trage- und Haltevorrichtungen an ihnen befestigen zu können. Ja, es ist sogar dezidiert festgelegt wie groß einzelne Räume sein müssen, wie viel Bewegungsfläche vor Türen und Fenstern zur Verfügung stehen muss. Die Bedarfe zeigen allerdings, dass die bemessenen Flächen oft wesentlich zu klein ausgelegt werden für die Menschen, die in ihnen leben. So reicht etwa die festgelegte Mindestbewegungsfläche von 1,5 m x 1,5 m im Eingangsbereich meist nicht aus, um eine 360°-Drehung mit einem Schieberollstuhl vorzunehmen, ohne die Unterstützung eines Assistenten versteht sich! An dieser Stelle sind Disability Studies unverzichtbare, emanzipatorische Notwendigkeit um gemeinsam mit Menschen mit Behinderungen und aus den Erfahrungen betroffener Personen heraus die Individualität von Bedarfen aufzuzeigen und nicht den „normal Behinderten" zu konstruieren. Ein Modell, das – so darf angenommen werden – zum Scheitern verurteilt wäre.

Schön, es hat sich etwas getan, Menschen mit Behinderungen haben endlich das Recht zugesprochen bekommen, was wir eigentlich als selbstverständlich erachten, sie können die Form, wie sie leben möchten, weitestgehend selbst entscheiden. Problematisch bleibt, dass ihnen dennoch vorgegeben wird, wie ihre Wohnung zu sein hat, um als „Barrierefrei" zu gelten, obgleich diese vornehmliche Freiheit von Barrieren nicht den faktischen Bedürfnissen des Individuums entsprechen muss, man erwählt sich wiederum einen Durchschnitt – freilich neben der Norm des allgemeinen Durchschnitts – an dessen Bedarf entlang geplant und beratschlagt wird. Was schließlich bleibt ist eine neuerliche Diskriminierung all jener, die auch diesem Durchschnitt nicht entsprechen, die Erschaffung einer Norm nimmt ihnen das Recht selbstbestimmt zu entscheiden, was Barrieren für sie sind.

Jürgen Link verdeutlicht es uns, aus Normen, die wir wiederum aus diversen Statistiken gewinnen, leiten wir Regeln ab. Was aber besagen diese Regeln? Sie geben uns deutlich zu erkennen, dass wir als Menschen nur dann als normal gelten, wenn sich unser Wesen, unsere Bedürfnisse unser ganzes Sein und Existieren möglichst nahe an diesem Normalbereich befinden! Je mehr Normen, je mehr Regeln auch für das alltägliche Leben aufgestellt werden, umso mehr wird Menschen das Recht der Selbstbestimmung genommen ihre persönliche Normalität leben zu dürfen! Wir haben, um mit Wolf Krötke zu sprechen, den Punkt erreicht, an dem wir uns als Menschen selbst das Recht herausnehmen festzulegen, wer oder was ein Mensch ist, was ihn ausmacht, was ihm seinen Wert und seine Akzeptanz beimisst. Es bedarf nicht viel philosophischer Vorstellungskraft, um sich selbst zu verdeutlichen, dass wir mit der Erschaffung von Normen, von Normalität, allen jenen Menschen a priori somit das Prädikat „vollwertiger Mensch" absprechen! Das nimmt dem Menschen seine inhärente Würde, die ihm, wie wir weiter oben gesehen haben, zusteht! Wir beginnen Menschen von Subjekten zu Objekten zu degradieren, was – da wir bei inhärenter Würde des Menschen sind – Kant neuerlich aufgreifend – bedeutet, dass jener als normal angesehene Teil unserer Gesellschaft sich eine Freiheit konstruiert, die auf Kosten all jener Teile unserer Gesellschaft geht, die diesem Bild von Normal nicht entsprechen! Deshalb kann es an dieser Stelle keine andere Alternative geben als Wolf Krötkes Feststellung als eine Forderung zu übernehmen: Wir müssen Bedingungen des Menschseins erkennen, schaffen, akzeptieren, ja letztendlich leben, die alle Menschen – unabhängig von Geschlecht, Rasse, Religion, Nationalität, Alter oder Behinderung – miteinander teilen!

Gehen wir als Gesellschaft wirklich davon aus, dass jeder Mensch von Geburt an, in unsere Gesellschaft gehört, dass jeder Mensch von Geburt an in das Zentrum unserer Gesellschaft gehört? Oder ist es ein wesensbestimmender Bestandteil unserer Gesellschaft, dass es bestimmte Gruppen von Menschen gibt, die nicht in das Zentrum, die Elite der Gesellschaft gehören? Existieren innerhalb unserer Gesellschaft Gruppen, die wir aus dem Zentrum heraus irgendwo an einen unbestimmten Rand drängen? Erfüllen wir als Gesellschaft diesen ersten, diesen grundlegenden Punkt der Inklusion, wie ihn etwa Dieter Kalesse mit seinem Team herausstellt? Leben wir noch in einer Gesellschaft, die von sich selbst behaupten kann, dass sie den Menschen, die in ihr leben, eine Würde verleiht, nur aufgrund dessen, dass sie Mensch sind, unabhängig von ihrer Person, ihrem sozialen Status, unabhängig von Abweichungen gegenüber einer nicht existenten Norm? Prägt eine solche Menschenwürde, wie sie in dieser expliziten Form zuerst Kant formuliert hat, noch unsere Gesellschaft, unser Denken? Erkennen wir, so wie es die UN-Resolution fordert, dass auch Menschen mit Behinderungen einen wertvollen Beitrag für die Gesellschaft beisteuern und deren Vielfalt somit unterstützen? Leider ist eben genau dies nicht der Fall. Die traurige Realität ist, dass Menschen mit Behinderungen ein Opferstatus zugesprochen wird, ein Problem, dass Gisela Staupe und Heike Zirden in der Kunst stellvertretend für die gesellschaftliche Realität wahrnehmen. Schlimmer sieht es aus, wenn wir in die Bestrebungen der Bioethik schauen, wir bewegen uns in ein stetig wachsendes Paradoxon: Auf der einen Seite wird die Inklusion von Menschen mit Behinderungen immer mehr gefordert und theoretisch umgesetzt. Auf der anderen Seite ist die Behinderung in der Genetik noch immer der Gegenspieler zu der Normalität. Doch stehen sie sich nicht etwa gleichberechtigt gegenüber. Pseudo-Normalität wird herangezogen, um davon Abweichendes – und dazu zählt die Genetik alle Formen von Behinderungen – zu verurteilen. Ein Urteil, das mit Markus Dederich darauf hinausläuft, Menschen mit Behinderungen nicht nur sozial schwächer zu stellen, sondern sie biomedizinisch sogar zu verhindern! Wir leben in einer Gesellschaft, in der moralische Exklusion gelebt wird. Jacky Leach Scully würde in diesem Zusammenhang davon sprechen, dass wir als Gesellschaft Angst haben vor dem, was die Grenzen unseres normierten Systems überschreitet. Wir lassen als Gesellschaft Euthanasie zu, und mit dem Ethos der Bergpredigt gesprochen, wir begehen als Gesellschaft Euthanasie, aus Angst vor Menschen mit Behinderungen!

Der ehemalige Bundespräsident Johannes Rau berichtet einmal von einem Urlaubserlebnis: ein etwa achtjähriges Mädchen mit durch Contergan hervorgerufenen Dysmelien und Aplasien fragt ihn – da sie beide am selben Tag Geburtstag haben – ob sie nicht gemeinsam ihren Geburtstag feiern wollen. „Auf einmal", so sein Eingeständnis, „war ich behindert". Dieses Beispiel, macht es besonders deutlich, es sind nicht Persönlichkeitsmerkmale, die Menschen zu „Behinderten" machen, es sind die Umstände in denen wir leben, die behindern, einen jeden! Wir können überall dort von Glück reden, wo diese Umstände äußeren, materiellen Bedingungen geschuldet sind, wo sie durch bauliche Maßnahmen hervorgerufen sind. Sie können gesehen werden, können behoben werden! Wie etwa am Beispiel der Hackeschen Höfe in Berlin Mitte leicht zu erkennen ist. Ursprünglich voller Barrieren, die es Menschen, die zur Fortbewegung auf Hilfe etwa durch einen Rollstuhl oder Gehhilfen angewiesen waren oder denen aufgrund ihrer körperlichen Konstitution, etwa durch ihr Alter das Gehen ohnehin nicht leicht fiel nahezu unmöglich machte sich dort frei zu bewegen. Nach einer Klage, konnten viele dieser sichtbaren Barrieren behoben werden. Karin Hirdina, der dieses Beispiel zu verdanken ist, zeigt aber auch das ursprüngliche Problem auf, warum solche Bauwerke überhaupt erst entstehen können: In der Gesellschaft in der wir leben herrscht ein Rassismus der Eliten! Elite, das sind die, die statistisch normal sind, sie legen fest welche Standards wir brauchen, was gut, was schön, was nützlich ist, sie legen fest nach welchen Kriterien unsere Umwelt gestaltet wird.

Vilém Flusser stellt als typisches Merkmal für die europäische Wissenschaft fest, dass sie darum bemüht ist Schein und Wirklichkeit zwar fein säuberlich zu unterscheiden, aber immer den Schein zu bewahren um die Wirklichkeit damit zu beweisen. Ähnliches gilt für die Gesellschaft, in der wir leben: Es wird der Schein gewahrt, dass Menschen mit Behinderungen Selbstbestimmung im

Individuellen und Inklusion im Gesellschaftlichen ermöglicht wird, dass wir als Gesellschaft wahrhafte Demokratie leben, was uns bei näherem Betrachten den Beweis liefert, dass unsere Gesellschaft alles daran setzt Menschen, denen von ihr nicht das volle Recht Mensch zu sein zugesprochen wird, auszusondern! Um es mit den Gedanken Walter Leschs erneut zu betonen, mit unseren gesellschaftlich erzeugten ethischen Normativen wird zugleich ein Bild körperlicher Normalität erschaffen und transportiert, was logisch endlich darin gipfeln muss, dass es darum geht, Selektionskriterien zu schaffen, um den Wert von menschlichem Leben zu bestimmen. Und wie – so sollte die Leitfrage einer um Inklusion bemühten Sonderpädagogik an die Gesellschaft lauten – kann Selbstbestimmung gelebt werden, wenn Menschen mit Behinderungen diskriminiert werden, wenn ihnen ihr verfassungsmäßiges Recht, nicht benachteiligt zu werden, nicht zugestanden wird? Hans Eberwein bringt es auf den Punkt, wenn er formuliert: „Es geht bei Diskriminierung nicht um offene bzw. direkte Herabwürdigungen (…), sondern um die Unterlassung struktureller bzw. Indirekter Diskriminierung". Hierin liegt das eigentliche Kernproblem. Wir leben in einer Gesellschaft, die Menschen mit Behinderungen indirekt diskriminiert, die eine Barriere errichtet wie sie schlimmer nicht sein könnte – eine mentale! Jede Diskussion um Inklusion, Barrierefreiheit, um Selbstbestimmung, ja sogar um das verfassungsmäßige Garantieren von Menschenrechten ist nichtig, solange diese Barriere bestehen bleibt. Und hier gilt folgende anthropologische Feststellung: Nicht das Sein des Menschen in der Gesellschaft macht sein Bewusstsein aus, wie es von Karl Marx und Friedrich Engels postuliert wird; das juristische Sein in Form von Gesetzen liegt bereits vor, allein es fehlt das Bewusstsein! An dieser Stelle ist eine der Inklusion verschriebene Pädagogik gefragt, die über die Grenzen der Sonderpädagogik hinaus geht, ihr fällt die hoffnungsvolle Aufgabe zu, eine Zukunft zu schaffen, die in der Lage sein kann, die Kernproblematik an der Wurzel zu fassen, eine Pädagogik, die Barrieren überwinden kann! Denn solange die unsichtbare, die mentale Barriere andauert, solange wird Inklusion im eigentlichen Sinne nicht sein.

Es stimmt, dass ein Abbau von baulichen Barrieren ein Zugewinn an Bequemlichkeit für alle darstellt, das ein Fahrkartenautomat, der seine Informationen übersichtlich und in einfacher Sprache ein zusätzlicher Komfort für Menschen mit Migrationshintergrund und Touristen darstellt, Busse und Züge, die sich an Haltepunkten absenken stellen eine Erleichterung im Alltag für Eltern mit Kinderwägen dar, aber bei alldem dürfen wir nicht aus dem Blickfeld verlieren, dass es sich hierbei um alltagsnotwendige Dinge handelt, die Menschen mit Behinderungen ein selbstbestimmtes Leben in der Gesellschaft ermöglichen! Darum stellt sich die Frage: In was für einer Gesellschaft wollen wir leben? Sind wir bereit eine

Gesellschaft zu werden, die es Menschen mit Behinderungen ermöglicht, selbstbestimmte und gleichwertige Mitglieder zu sein, sind wir als Gesellschaft bereit mit unserer eigenen Verfassung konform zu gehen?

Wenn die Antwort darauf ein Ja ist, dann, so wird im Folgenden angenommen, liegt der Schlüssel zu diesem Ziel in der Pädagogik. Ihr fällt es zu Ethik, Demokratie und Behinderung in Einklang zu bringen. Pädagogik ist das Werkzeug, um die Barrieren, die sich in den Köpfen manifestiert haben, abzubauen, Stein für Stein. Um sicherzustellen, dass diese Steine auf dem Weg in eine inklusive Gesellschaft nicht zu Stolpersteinen werden, soll unter Zuhilfenahme von Disability Studies als theoretischem und methodologischem Rüstzeug dieser Weg beschritten und Steine aus dem Weg geräumt werden.

Mein besonderer Dank gilt an dieser Stelle Prof. Dr. Sven Jennessen, der dieses Forschungsvorhaben unterstützt sowie begleitet hat und das ursprüngliche, weitaus kürzer gehaltene Manuskript als Abschlussarbeit betreut hat. Weiterhin danke ich Dr. Günter Becker für seine hilfreichen Hinweise und kritischen Anmerkungen zu den demokratiepädagogischen Teilen der Arbeit sowie für seinen ermutigenden Zuspruch, die vorliegenden Seiten zu publizieren.

Für zahlreiche Korrekturarbeiten am anfänglichen Manuskript und an Teilen des nun vorliegenden Bandes danke ich Josephine Geisler. Judit Grünert und Gloria Weidtke danke ich für ihre Korrekturarbeiten an der nun vorliegenden Fassung. Hier danke ich ganz besonders Regina Lamparter für die Endkorrekturen. Nicht zuletzt bedanke ich mich bei meiner Frau Renate. Ohne ihre Geduld und Unterstützung wäre das gesamte Unterfangen nicht möglich gewesen.

Einleitung

In einer umfassenden Abhandlung, die unlängst durch Oskar Negt vorgelegt wurde, zeigt dieser auf, dass die Demokratie die „*anstrengendste und verletzlichste Gesellschaftsordnung* [ist], *die wir kennen*", und dass Demokraten, die nur als politische Wesen zu denken sind, die Grundlage jeglicher Demokratie seien (Negt 2010, 487; 495). In seinem Werk, das über den politischen Menschen handelt, kommt Negt zu dem Schluss, dass politische Moral kein Luxus sei, auf den man unter ungünstigen Umständen verzichten könne, sondern dass diese das Fundament unserer Gesellschaft darstelle (ebd. 560). Eine einleuchtende Erkenntnis, die jedoch als solche nicht neu ist. Bereits Charles-Louis Montesquieu war zutiefst von ihr überzeugt. Das Mittel, das er dazu vorschlug, sie zu realisieren war die Erziehung (vgl. Montesquieu 1989). Im Hinblick auf Montesquieu und den Blick gerichtet auf den Zusammenhang von Demokratie und Erziehung referiert Oelkers, dass Erziehung funktional zu sein habe und je verschieden entsprechend der Regierungsform (Oelkers 2012, 4f).

Mit der Französischen Revolution hält der Gedanke der Demokratie schließlich im ausgehenden 18. Jahrhundert Einzug in Europa – und mit ihm der Gedanke der demokratischen Erziehung. Diese wurde, ausgehend von Rousseau, in die Reformpädagogik des 20. Jahrhunderts hineingetragen (Eisenmann 2008, 182ff). Besonders hervorzuheben für demokratische Pädagogik innerhalb der Schule sind für Europa im Besonderen Alexander S. Neill sowie Hartmut von Hentig. Für den internationalen Kontext ist John Dewey von hervorragender Bedeutung, der mit seinem Werk zugleich eine maßgebliche Grundlage für das Programm „Demokratie lernen & leben", lieferte. Es wurde zu Beginn dieses Jahrhunderts an ausgewählten deutschen Schulen durchgeführt. Zu den erklärten Zielen des genannten Programms gehörte „die Einübung in die Praxis demokratischer Lebensführung" (Edelstein/Fauser 2001, 18). Kurze Zeit nach Beendigung des Programms wurde von den Vereinten Nationen das Übereinkommen über die Rechte von Menschen mit Behinderungen erlassen. Es fordert von den Unterzeichnerstaaten vorbehaltlos Inklusion ein. Aus dem Abschlussbericht des Programms Demokratie lernen & leben geht hervor, dass angenommen wird, dass auch zu einer demokratischen Schulkultur Inklusion zu gehören hat. Wenn nun für eine Demokratie angenommen wird, dass diese einer demokratischen Gesellschaft bedarf – die auf dem Wege der Erziehung zu erreichen ist – so schließt sich die erste Ausgangsthese der vorliegenden Arbeit hieran an. Es wird angenommen, dass Inklusion einer inklusiven Gesellschaft bedarf. Da die Behindertenrechtskonvention (BRK) für sich keinem besonderen politischen System verpflichtet ist – wird im Folgenden der Fokus auf Demokratie gerichtet sein. Die Ausgangsthese wird dahin konkretisiert, dass im Besonderen eine demokratische Gesellschaft entsprechender pädagogischer Mittel bedarf, um zu einer inklusiven Demokratie transformieren zu können.

Wenn in der Vergangenheit über das Thema Behinderung gesprochen wurde, erfolgte dies in aller Regel unter Zuhilfenahme einer streng medizinischen Sicht, die einen Rahmen konstruierte, innerhalb dessen eine festgelegte Gruppe von Menschen von einer selektiv definierten Norm abweicht – ein Phänomen, das sowohl in der Medizin, der Psychologie als auch gleichermaßen in der Sonderpädagogik beheimatet war. Diese Stigmatisierung wurde als das primäre Merkmal der Menschen angesehen, an denen man es diagnostizierte. Unter Aberkennung von Entscheidungs-, Handlungs- und Mitspracherecht wurde der betroffene Personenkreis – ganz offen – an den Rand der Gesellschaft gedrängt (Hermes 2006, 16f). Diese Praxis lässt jedoch in aller Regel eher erkennen, dass scheinbare Defizite, die unter Zuhilfenahme diagnostischer Werkzeuge an Menschen festgestellt werden, in den häufigsten Fällen eher ein Indiz dafür liefern, welche gesellschaftlichen und institutionellen Bedingungen vorherrschen, als dass sie letztgültige Aussagen über die untersuchten Menschen selbst liefern könnten (Rohrmann, E. 2006, 152). Was also als Behinderung wahrgenommen wird, „wird in jeder Gesellschaft durch ein komplexes Zusammenspiel politischer, ökonomischer Kräfte und kultureller Werte festgelegt" (Hermes 2006, 22).

Seit nunmehr einem halben Jahrhundert (vgl. Miles-Paul 2006, 32) waren Menschen mit Behinderungen darum bemüht einen gleichberechtigten Zugang zu materiellen Gütern und Emanzipation an Menschenrechten zu erhalten (Barnes/Colin 2003). Eines der Ziele dieser Bewegung, die sich als *Independent Living Movement* weltweit vereinigt hat, ist es, das Bild, welches von Behinderung herrscht von Grund auf zu wandeln. So setzten sich Frauen und Männer dafür ein, dass der medizinische Blick auf Menschen mit Behinderungen fallen gelassen wird, und diese Menschen mit Behinderungen nicht mehr als Fälle oder als Objekte der Fürsorge und des Mitleids gesehen werden (Hasler 2003). Aus dieser Strömung heraus wurde eine neue Perspektive auf die Thematik Behinderung entwickelt, deren Horizont wesentlich weiter reichte, als dies in traditionellen medizinischen Entwürfen der Fall war. Behinderung wurde als eine besondere Form von gesellschaftlicher Unterdrückung herausgearbeitet (Hasler 2003, Schillmeier 2007, 79). Diesem Modell wurde ein sozialwissenschaftliches entgegengestellt, nicht mehr der einzelne Mensch gilt aufgrund seiner körperlichen oder geistigen Beschaffenheit als behindert, insofern er einer sozial konstruierten Norm nicht entspricht. Behinderung wird vielmehr als ein Phänomen erklärt, das aus einer gestörten Wechselwirkung zwischen Individuen und Gesellschaften entsteht – aufgrund von Segregation, Diskriminierung und Ignoranz. Um die Bedarfe von Menschen mit Behinderungen zu erkennen und ebenso das zu ermitteln, was entsprechend dem sozialwissenschaftlichen Model von Behinderung volle Teilhabe von Anfang an – Inklusion – verhindert, musste eine neue interdisziplinäre Forschungsrichtung initiiert werden, die Disability Studies wurden ins Leben gerufen (Waldschmidt/Schneider 2007, 12). Darum wird als eine weitere Ausgangsthese angenommen, dass Disability Studies als Grundlagenwissenschaft für das Erreichen von Inklusion – und im Anschluss daran inklusiver Pädagogik – unverzichtbar sind.

Um diese Thesen zu überprüfen wird die vorliegende Arbeit in zwei Teilen zunächst ihren Fokus auf die Begriffe Demokratie und Ethik richten und dabei die Fragestellung im Blick haben, welche Bedeutung Ethik für eine Demokratie hat. Anschließend wird herausgearbeitet, inwiefern die UN-Behindertenrechtskonvention Folgen für Ethik und Demokratie mit sich bringt. Abgeschlossen wird dieser Teil mit einigen Vorüberlegungen zu einer inklusiven Ethik.

In einem zweiten Teil, der unter der Überschrift „Inklusive Pädagogik auf der Grundlage von Disability Studies" läuft, wird untersucht, in welchem Zusammenhang die Convention on the rights of persons with disabilities und Inklusion stehen. Es schließen sich grundlegende Punkte an, in denen analysiert werden wird, was unter inklusiver Pädagogik bzw. Demokratiepädagogik zu verstehen ist. Weiterhin erfolgt eine Untersuchung, in der das Verhältnis von inklusiver Pädagogik und den Disability Studies herausgearbeitet wird. Da weiterhin angenommen wird, dass Demokratie der Pädagogik bedarf und aus der BRK unzweifelhaft hervorgeht, dass sie von den Vertragsstaaten ein inklusives Bildungssystem fordert (vgl. BRK Art. 24), soll ein Blick auf Schnittmengen und Desiderate zwischen beiden Konzeptionen erfolgen, da als logische Konklusion aus einer solchen Forderung heraus eine inklusive Demokratiepädagogik hervorgehen müsste. Ausgehend von dieser Schlussfolgerung werden die zwei abschließenden Kapitel der vorliegenden Arbeit in groben Zügen den Entwurf eines Bildungssystems skizzieren, das in einer demokratischen Schule Inklusion für Schülerinnen und Schüler erfahrbar machen soll, um dann in einem Gedankenexperiment eine pädagogische Utopie entstehen zu lassen.

I Ethik und Demokratie

1. Das Problem der Ethik

In einem Abschnitt der Geschichte, der sich dadurch auszeichnet, dass die von Nietzsche geforderte Suche nach dem Übermenschen (Nietzsche 2005, 9; 36) durch den biologisch-technologischen Fortschritt neue, nie da gewesene Dimensionen angenommen hat[2], ist der Ruf nach einer veränderten Leitmetaphorik logisch nicht weit entfernt (Thomä 2003, 51).

Wenn nun im Folgenden nach dem Wesen von Ethik gefragt werden soll und deren problematische Konstruktionen herausgearbeitet werden, muss dies kontextuell geschehen, also die Frage nach dem »*was ist Ethik heute, was ist heute problematisch an ihr?*« als Ausgangsfokus behandeln. Da das heutige Verständnis von Ethik jedoch transformativ zu sehen ist (Deissler 2005, 19ff), kann dies nicht ohne eine kritische Betrachtung historischer Prozesse von statten gehen, um ein umfassendes Bild von Ethik zu erhalten[3]. Darum wird im Folgenden Ethik weniger als die Lehre von den Sitten herausgearbeitet, vielmehr soll das Wesen der Ethik als solches im Kontext historischer Veränderungen zu Tage gefördert werden.

Ansätze einer Ethik lassen sich bereits bei Platon[4] finden, obgleich er kein explizites, ethisches System vorlegt. Vielmehr baut er seine Ethik um die Frage – wie ist Sittlichkeit überhaupt möglich (Vorländer 1949, 143) – herum auf. Schließlich gelangt er in der Politeia zu einem teleologischen Schluss, nachdem das sittliche Gute in der Idee des Guten gipfelt (Platon 1958, 514a ff; Praechter 1953, 336;

---

2   Erkennbar ist dies nicht nur in der anhaltenden bioethischen Debatte um die Präimplantationsdiagnostik (vgl. Holthaus 2008, 79f), sondern auch in den seriös wissenschaftlich geführten Cyborgforschungen, deren Hindernis eben in der reinen Existenz des auf Kohlenstoff basierenden menschlichen Körpers existiert (vgl. Morse 2000, 207), seine Biomasse soll im Optimalfall – mit Nietzsche gesprochen – überwunden werden. Der L'homme machine (La Mettrie 1748), scheint den Augen einiger Wissenschaftler nur noch eine Frage der Zeit zu sein (vgl. Dyson 2000; Kelly 1995; Kurzweil 2000).

3   An dieser Stelle können aus Gründen des Umfangs lediglich die Grundlehren der angegebenen Ethiken angerissen und vorgestellt werden, auf eine ausführliche Auseinandersetzung mit den Lehrern kann lediglich hingewiesen werden.

4   Umfangreiche Behandlung der platonischen Ethik sind bei Gadamer (1968): „Platos dialektische Ethik und andere Studien zur platonischen Philosophie" sowie Pfannkuche (1988): „Platons Ethik als Theorie des guten Lebens" zu finden.

Vorländer 1949, 144). Das gute Leben des Einzelnen, die Eudaimonie einzelner Menschen betrachtet Platon in seinen frühen Dialogen, schwenkt dann aber im Verlauf der mittleren Dialoge dahin um, das sittlich Gute und seine Verweichlichung in der Interaktion des Individuums mit der ihn umgebenden Gesellschaft zu suchen (Buddensiek, 2007, 116f). So lässt Platon seinen Sokrates im Kriton feststellen, dass das gute Leben dem Leben schlechthin vorzuziehen sei und jenes „Gute mit dem gerecht[en] und sittlichen Leben" einerlei sei (Platon 1957, 48b). Für das Individuum ergibt sich daraus zum einen, dass es nicht bewusst Unrechtes tun soll aber auch, dass die Person, der Unrecht widerfahren ist, dies nicht mit weiterem Unrecht beantworten darf, weder durch Mord noch durch Misshandlung oder Ähnliches, denn schließlich, so stellt Platon fest, ist zu bedenken, „jemanden schlecht behandeln ist nicht unterschieden vom Unrechttun" (ebd. 49aff). Zur Vollendung gelangt die platonische Ethik vom Gesamtwerk her betrachtet jedoch nicht im Individuum. Der Einzelne kann zwar – in der Person des Philosophen – ethisch gerecht handeln (Praechter 1953, 337), doch die wahrhaftige Vollendung der platonischen Ethik findet sich in der Staatslehre. Diese stellt somit eine Sozialethik dar (Vorländer 1949, 147), obschon es sich dabei um eine Ethik handelt, die sich freimütig der Selektion und der Eugenik bedient, um ein Volk unter Zuhilfenahme selektiver Zuchtwahl zu evolvieren (vgl. Popper 2003, IX).

> *Nach dem Eingestandenen sollte jeder Trefflichste der Trefflichsten am meisten beiwohnen, die Schlechtesten aber ebensolchen umgekehrt; (...) die jedesmal geborenen Kinder nehmen die dazu bestellten Obrigkeiten an sich[.] Die der Guten tragen sie in das Säuglingshaus zu Wärterinnen, die in einem besonderen Teil der Stadt wohnen, die der Schlechteren aber, und wenn eines von den anderen verstümmelt geboren ist, werden sie, wie es sich ziemt, in einem Unzugänglichen und unbekannten Orte verbergen. (Platon 1958, 459dff)*

Das Urteil Platons über Kinder, die außerhalb der gesetzlich festgeschriebenen Ehen bzw. „Zuchtarrangements" gezeugt werden, klingt mehr als erschreckend. Solche Kinder erklärt er als unrecht und unheilig (ebd. 461b). Ganz zu schweigen davon, dass die platonische Staatstheorie eo ipso der breiten Masse der Bevölkerung die freie Entfaltung all ihrer Möglichkeiten abspricht. Denn jeder Mensch ist entsprechend dem Anteil seiner Seele an der Idee des Guten determiniert einer bestimmten gesellschaftlichen Kaste beizuwohnen. Der Wunsch nach gesellschaftlichem Aufstieg, respektive Wechsel in eine andere gesellschaftliche Schicht, stellt einen Angriff auf die Idee des Guten dar[5] (Schäfer 2007, 133) und ist somit als

---

5   Platon nimmt an, dass sich Gerechtigkeit darüber definiere, „daß jeder das Seine tue" (Platon 1958, 433b). Seine Argumentation stärkt Platon dadurch, dass er anführt, dass

unethische Handlung zu sehen. Ethisches Handeln, so der Rückschluss, bedeutet für den größten Teil der Bevölkerung Unterordnung unter ein sittliches Ideal aus dem Reich der Ideen, in das sie selbst keinen Einblick haben. So schlussfolgert Jaspers, dass die platonische Ethik die Möglichkeit der Agape als Nächstenliebe nicht kenne und „[daher] kennt Platon auch nicht die Menschenwürde als Anspruch an jeden Menschen und seitens eines jeden Menschen" (Jaspers 1976, 77). Es ist schwer zu verstehen, warum etwa Martin diesen Kritikpunkt gegen das Ideal des platonischen Staates nicht thematisiert (Martin 1969, 130). Eine Möglichkeit dies zu relativieren bietet Gadamer mit seiner Untersuchung des sokratischen Dialoges an. Wobei er zu dem Schluss kommt, dass Arete, also die ethische Tüchtigkeit des Individuums, im platonischen System über den Dialog zustande komme. Innerhalb des Dialoges fließen dabei sowohl Meinung, respektive Vorwissen des Fragenden als auch des Befragten in die Lösungssuche ein. Dies lässt – so Gadamer weiter – Arete zu einem öffentlichen und relativen Begriff werden und somit, dieser Interpretation folgend, schließlich zu einer Handlungsbegründung. „Man muss sagen können, warum man in bestimmter Weise sich verhält, d.h. was das Gute ist woraufhin man sich selbst in seinem Verhalten versteht." (Gadamer 1983, 41ff). Nur über die Idee dessen, was eigentlich das Gute ist, kann somit ein Einsehen in die Gründe ethischen Verhaltens erlangt werden und warum ein solches Verhalten positiv ist. Praktische Ethik im Denkweg Platons lässt sich somit lediglich aus der Welt der Ideen ableiten (Pfannekuche 1988, 161) und muss daher über die Philosophen, denen als einzigen der Blick in diese Sphäre möglich ist, hinübergetragen werden in die Welt der Abbilder, hinein in das, was derjenige, der nicht Philosoph ist, als Seinswirklichkeit erkennt. Schließlich ist es ja jenes, was Platon als die Aufgabe der Regierung, also seiner Philosophenkönige, ansieht, das Beste für die Regierten anzustreben, denn als solche ist es ihre Aufgabe Gutes (und somit Gerechtes) nicht nur zu wollen, sondern dies eben zu ihrer obersten Handlungsmaxime zu erheben, denn „[a]lso ist es nicht die Sache des Gerechten zu schaden (…) es hat sich gezeigt, dass es auf keine Weise gerecht sein könne, irgendjemandem Schaden zuzufügen" (Platon 1958, 345d; 335df). An anderer Stelle lässt Platon seine Leser wissen, dass es gegen die Natur des Menschen sei, dem nachzugehen, was er für böse halte, sondern vielmehr verhalte es sich so, dass „wer bei der Wahl der Lust und Unlust, das heißt des Guten und Bösen, fehle, der fehle aus

---

ein Zimmermann und ein Schuster, die ihr Handwerk untereinander tauschen einen Schaden für die Polis darstellen würden. Dieser gegenseitige „Tausch ist der größte Schaden für die Stadt und kann mit vollem Recht Frevel genannt werden (…). Dies ist also die Ungerechtigkeit" (ebd. 434c).

Mangel an Erkenntnis" (Platon 1960, 358cf; 357d). So bedeutet ethisches Handeln letztendlich nicht nur Unterordnung des Individuums, welches nicht Philosoph im Sinne Platons ist, unter eben jene Philosophen und nicht nachvollziehbare Ideen, sondern eo ipso bedeutet die Abwesenheit des Philosophen auch die Unmöglichkeit des Gutseins des Individuums aus sich selbst heraus. Wirklich ethische Handlungen sind, für den überwiegenden Teil der Menschheit somit nur in Form des Befolgens von Anweisungen zu erdenken. Ethisch handeln bedeutet bei Platon somit fremdbestimmt zu handeln und zu sein.

Trotz dieser – aus heutiger Perspektive – gerechtfertigten Anfragen an die Ethik, wie man sie aus Platons Werken heraus sezieren kann – bietet die platonische Philosophie und insbesondere seine Staatsrechtslehre einen hervorragenden Anknüpfungspunkt. Wurde einleitend angenommen, dass eine demokratische Gesellschaft einer passenden Pädagogik bedarf, so kann eben dies, Gadamer folgend, bei Platon festgestellt werden. Denn seine „Verfassung will nicht als besser ausgedachte Institution einen bestehenden Staat reformieren, sondern einen neuen gründen, d.h. aber Menschen bilden, die einen echten Staat aufbauen können" (Gadamer 1983, 2). Und eben jenes Moment – wie weiter unten zu zeigen sein wird – der Entwurf eines neuen Staates, mit Menschen, deren Bildung und Erziehung darauf abzielen eben jenem Staat als konstituierende Grundlage leben einzuhauchen und diesen zu gestalten ist trotz aller problematischen Konstruktionen platonischer Ethik der Nährboden für die Möglichkeit echter Inklusion.

Aristoteles[6] distanziert sich, wie in vielen anderen Punkten (vgl. Flashar 1965, 227f) auch in der Ethik von Platon[7] (vgl. Praechter 1953, 388;). Während der Philosoph bei Platon, der die Idee des Guten und Gerechten geschaut hat, automatisch sein Handeln an dieser auszurichten scheint, stellt Aristoteles fest, es sei nicht genug die Tugend alleine zu kennen, sondern es gelte ihr gemäß zu handeln (Aristoteles 2009, 1179b).

Seine Ethik ist nicht auf die Erkenntnis des einen, ewigen, unveränderlichen Ideals gerichtet, sondern auf die Einsicht in das dem Menschen erreichbare Gute (prakton agathon), das nach Geschlecht, Stand, Beruf, Volk verschieden, ein anderes für Mann, Weib und Sklaven ist. (Vorländer 1949, 184)

---

6 Eine ausführliche Darstellung der aristotelischen Ethik legt Höffe (1971/2008) mit „Praktische Philosophie: das Modell des Aristoteles" vor, jüngst zum Thema publiziert empfiehlt sich Brüllmann (2011): „Die Theorie des Guten in Aristoteles' Nikomachischer Ethik".

7 Eine kurze aber dennoch treffliche Diskussion der Unterschiede platonischer und aristotelischer Ethik bietet Gadamer (1983, 3ff).

Nicht mehr der gute Staat als solches liegt im Fokus der aristotelischen Ethik, der Fokus richtet sich – bar jeder Metaphysik (Höffe 1996, 188; Höffe 1998, 65) – auf die guten (männlichen(!)) Personen[8] (Vorländer 1949, 184). Aristoteles stellt dabei heraus, dass (öffentliche) Gerechtigkeit dort existiert, wo (rechtliche) Gleichheit unter den Menschen herrscht (Aristoteles 1995, 1283a); dies ist jedoch der Bedingung unterworfen, dass es sich bei den Partizipierenden um freie und gleiche Menschen handle[9] (ebd. 1291b f). Was bei Aristoteles nicht als selbstverständlich angenommen werden darf, da er von der Grundannahme her argumentiert, dass die natürliche Ungleichheit unter den Menschen in einem so hohen Maß existiert, dass es Personen gibt, die von ihrem Wesen ausgehend dazu determiniert sind als Sklaven zu existieren (ebd. 1254a). So scheint es folglich nur konsequent, wenn Aristoteles postuliert, „der Geist, als Denkkraft verstanden, [scheint] nicht gleicherweise allen Lebewesen innezuwohnen, nicht einmal allen Menschen (Aristoteles 1959, 404b). Die Anthropologie, die der aristotelischen Ethik vorausgeht, nimmt somit einen Diversitätsbegriff an, der für sich betrachtet nicht ohne moralische Folgen sein kann. Das gute Handeln findet sich im Tun des Gerechten, was in der Mitte zwischen Recht tun und Unrecht leiden zu finden sei (Vorländer 1949, 116f, vgl. 109; Praechter 1953, 388). Ethik wird, ihrem Wesen nach, als Teil der Politik betrachtet (Aristoteles 2009, 1094b). Konsequent stimmt hierin Aristoteles also mit seinem Lehrer Platon überein, dass ethische Erziehung zum einen notwendig sei (ebd.; vgl. oben die Ausführungen zu Platon) um Menschen gemäß eines sittlich definierten Ideals zu erziehen (Höffe 2008, 61) und zum anderen schließlich sei diese Erziehung von staatlicher Seite aus zu regeln (Aristoteles 1995, 282; Platon 2004, 413e; 457c;d; Praechter 1953, 338f; Höffe 1996, 186). Was dazu führt, dass Ethik, wie sie Aristoteles versteht, selbst eine politische Funktion übernimmt (Höffe 2008, 62). Während dies bei Platon allerdings die Einsicht bzw. die Unterordnung unter die eine Idee des Guten ist, so stellt Nussbaum heraus, dass bei Aristoteles hier besser von einzelnen Erfahrungsbereichen (Sie kommt insgesamt auf elf spezifische Erfahrungsbereiche bzw. Einzeltugenden) zu sprechen sei (Nussbaum 1998, 120f).

---

8 Diese haben dann je nach Situation neu für sich zu entscheiden wie sie handeln. Gleichwohl ist tugendhaftes Handeln in jedem Fall zwischen den Extremen zu wählen. So definiert sich etwa (tugendhafte) Besonnenheit über die Mitte zwischen der absoluten Hingabe an körperliche Triebkräfte und ihrem Gegenteil, der absoluten Askese (vgl. Höffe 1997, 307).

9 Hier gilt es ebenfalls zu bedenken, dass nach Aristoteles der Wunsch nach politischer Gleichheit seinen Ursprung bei den „schwächeren" Menschen nimmt, „[d]enn die Gleichheit und Gerechtigkeit wollen, sind immer die Schwächeren, während die Stärkeren sich über diese Dinge keinen Kummer machen" (Aristoteles 1995, 1318b).

Um nun aber wirklich gut, d.h. ethisch handeln zu können, also gemäß dem zu handeln, wonach alles strebt (Aristoteles 2009, 1094a), ist es unabdingbar ein Ziel vor Augen zu haben, in diesem Fall also zu wissen, was es bedeutet ethisch zu handeln und sich dessen bewusst zu sein, dass dieses Ziel nur um seiner selbst willen zu verfolgen ist (Klopfer 2008, 84).

> *Das vollendet Gute muss sich selbst genügen. Wir verstehen darunter ein Genügen nicht bloß für den Einzelnen, der für sich lebt, sondern auch für seine Eltern, Kinder, Weib, Freunde und Mitbürger überhaupt, da der Mensch von Natur aus für die staatliche Gemeinschaft bestimmt ist. (...) Als sich selbst genügend gilt uns demnach das, was für sich alleine das Leben begehrenswert macht und keines weiteren bedarf. Für etwas derartiges halten wir die Glückseligkeit, ja, für das Allerbegehrenswerteste, ohne daß sie mit anderem, was man auch begehrt, von gleicher Art wäre* (Aristoteles 2009, 1097b).

Um dies zu spezifizieren muss das für den Menschen respektive, das für die Seele des Menschen Eigentliche[10] gesucht werden. Dies findet sich im vernünftigen Leben (Klopfer 2008, 90). Ethisches Handeln stellt sich also als vernünftiges Handeln heraus und soll als solches nicht auf einen kurzen Zeitraum beschränkt bleiben, sondern die gesamte Spanne des Lebens durchziehen (Aristoteles 2009, 1098a). Wobei es nicht damit getan ist, ethisch richtig, also tugendhaft zu handeln, zugleich muss das Wollen ebenso darauf gerichtet sein, der Handlung Tugend zugrunde zu legen (Höffe 1998, 51f).

Die Möglichkeit vollkommenen ethischen Handelns, den νοῦς, sieht Aristoteles ausschließlich im theoretischen Leben realisierbar (Praechter 1953, 392). Was daraus zu resultieren scheint, dass in der aristotelischen Philosophie eine gewisse Spannkraft liegt zwischen praktischer und reiner Philosophie, zwischen dem Wissen um das Tugendhafte und der tugendhaften Handlung als solcher (vgl. Höffe 1998, 68). Hieraus ergeben sich nun im Wesentlichen zwei Punkte, die in der aristotelischen Ethik als bedenklich erscheinen und eng miteinander verknüpft sind. Wenn wahrhafte Tugend, also eine echte ethische Haltung, nur im Handeln (und hier dann besonders im politischen) möglich ist, ergibt sich zum einen daraus, dass Menschen, denen der Zugang zum politischen verwehrt ist, a priori von wirklich ethischem Handeln ausgeschlossen sind. Treffend formuliert Horn:

---

10 In der Seele sieht Aristoteles den existentiellen Grund jeglichen Lebens. Als solche ist sie aber – um handlungsfähig zu sein – auf den ihr eigentümlichen Körper angewiesen (Aristoteles 1959, 402a ff). „Das Beseelte", so stellt Aristoteles fest, „scheint sich von dem Unbeseelten durch zweierlei hauptsächlich zu unterscheiden, durch Bewegung und Wahrnehmung" (ebd. 403b).

Bekanntlich gesteht er großen Personengruppen, nämlich Sklaven, Frauen, geringqualifizierten Arbeitern (banausoi), Nichtgriechen sowie der Landbevölkerung keine Rechte und keinerlei politische Mitwirkungsmöglichkeiten zu. (...) Nach Aristoteles besteht der einzige Grund, der Sklaverei rechtfertigt, in der entsprechenden natürlichen Veranlagung einer Person. (...) Nimmt man nun Aristoteles' Feststellung ernst, der natürliche Sklavenstatus treffe nur auf diejenigen zu, die kognitiv minderveranlagt seien und fremder Leitung bedürften, und die Äußerung, Sklaverei müsse gleichermaßen zum Nutzen des Herrn wie des Sklaven ausfallen, dann erscheint seine Gesamtposition in einem anderen Licht. So betrachtet beschränkt sich der Kreis der legitimen Sklaven auf jene Personengruppe, die aufgrund intellektueller Mängel kein autonomes Leben führen kann (Horn 2008, 8).

Horn bestätigt hier, was weiter oben schon angedeutet wurde. Durch die Verbindung psychologischer und politischer Anthropologie entsteht der zweite – und wesentlichere – Kritikpunkt an der Ethik wie sie durch Aristoteles vorgelegt wurde. Es kommt zu einer qualitativen Unterscheidung menschlichen Lebens. Menschen mit (kognitiven) Behinderungen erhalten nicht nur einen moralisch, sondern zugleich auch einen anthropologisch anderen Status. Während moralisches Handeln bei Platon (zumindest theoretisch) über Fremdbestimmung möglich war, stellt es sich bei Aristoteles gar so dar, dass Menschen die einer nicht näher definierten, kognitiven Norm nicht entsprechen, den Status des Menschseins von vornherein nicht zugesprochen bekommen – bzw. bei Behinderungen, die im Lauf der Biografie erworben werden, den Status des Menschseins aberkannt bekommen. So muss auch das Urteil über dieses ethische System, trotz aller geistesgeschichtlichen Würdigung, mehr als kritisch ausfallen, obgleich die Transformation der Tugend aus der Welt der Ideen in die praktische Handlung zu begrüßen ist.

Im Anschluss an diese beiden Klassiker folgt ein Blick auf die biblische Ethik[11], wie sie in kompakter Form im Dekalog[12] (Ex. 20, 7–17; Dtn. 5, 1–22) sowie in der Bergpredigt[13] (Mt. 5,1–7,29; Lk. 6, 20–59), einem der als moralisch am universellsten geltenden Texte (Furger 1977, 105f) vorgestellt und ausgelegt wird. Den inneren Kern christlicher Ethik finden wir hierbei in der *Goldenen Regel*:

---

11 Da diese – freilich in leicht differenzierten Auslegungen – prägend für das präaufgeklärte Europa war und zum anderen aktuell große Teile im Bereich des Sozialen sich in kirchlicher Trägerschaft befinden, scheint diese auf den ersten Blick ungewöhnliche Thematik gerechtfertigt zu sein.
12 Zur Darstellung der dekalogischen Ethik vgl. Deuser (2005).
13 Eine ausführliche Darstellung der in der Bergpredigt implizierten Ethik legt Häring (2000) vor.

„Alles nun, was ihr wollt, dass euch die Leute tun sollen, das tut ihnen auch![14]" (Mt. 7,12) bzw. „Und wie ihr wollt, dass euch die Leute tun sollen, so tut ihnen auch![15]" (Lk. 6,31). Hierin ist kein abstraktes Prinzip zu verstehen, wie etwa in der Idee des Guten als ethische Maxime bei Platon, sondern eine praktische Handlungsanweisung (Schmitz 1977, 208; 214), wie sie bei Aristoteles aufzufinden ist. Dekalog und Bergpredigt schließen einander nicht aus (Furger 1977, 105), sondern durch Jesu Antithesen innerhalb der Bergpredigt erhebt er sie, die zehn Gebote, aus einer bloßen Form heraus (Köckert 2004, 41; vgl. Stott 1985) „in eine personale Transzendenz" (Schmitz 1977, 213), die den Mensch als Individuum und auch als Gemeinschaft die „sittliche Vision" (Peschke 1997, 237) vermittelt, sich im gleichen Maß sowohl für die eigene Verwirklichung als auch für die des Anderen einzusetzen (Schmitz 1977, 216). Deutlich etwa wird es am Gebot nicht zu töten. Findet sich im Dekalog noch die Formulierung: „Du sollst nicht töten" (Ex. 20, 13; Dtn. 5, 17) wird diese in der Bergpredigt von Jesus aufgegriffen und ergänzt mit den Worten:

> *Ich aber sage euch: Wer mit seinem Bruder zürnt, der ist des Gerichts schuldig; wer aber zu seinem Bruder sagt: Du Nichtsnutz!, der ist des Hohen Rats schuldig; wer aber sagt du Narr!, der ist des höllischen Feuers schuldig*[16] (Mt. 5, 22).

Die Worte Nichtsnutz (ρακα) und Narr (μωρε) tragen in der eigentlichen, griechischen Bedeutung ein moralisches Urteil in sich, so kommt dem aus dem chaldäischen stammenden *ρακα* am ehesten die Bedeutung eines wertlosen Menschen zu und *μωρε* bestätigt dies und stellt ein eindeutig moralisches Urteil dar und müsste wörtlich wohl mit moralisch wertloser Mensch übersetzt werden. Christliche Ethik ist somit mehr als ein von Gott gegebenes: *Du sollst*. Sie äußert sich im praktischen Leben und wird im Umgang mit dem Anderen, dem *Nächsten* sichtbar. Jakubowski liest aus der christlichen Ethik gar eine Grundlage für Inklusion heraus und konkretisiert dies am Beispiel des Zöllners Zachäus

---

14 Πάντα οὖν ὅσα ἐὰν θέλητε ἵνα ποιῶσιν ὑμῖν οἱ ἄνθρωποι, οὕτως καὶ ὑμεῖς ποιεῖτε αὐτοῖς (Mt. 7,12 nach Nestle-Aland 2009).
15 Καὶ καθὼς θέλετε ἵνα ποιῶσιν ὑμῖν οἱ ἄνθρωποι ποιεῖτε αὐτοῖς ὁμοίως. (Lk 6,31 nach Nestle-Aland 2009).
16 εγω δε λεγω υμιν οτι πας ο οργιζομενος τω αδελφω αυτου εικη ενοχος εσται τη κρισει ος δ αν ειπη τω αδελφω αυτου ρακα ενοχος εσται τω συνεδριω ος δ αν ειπη μωρε ενοχος εσται εις την γεενναν του πυρος. (Mt. 5, 22 nach Nestle-Aland 2009).

(vgl. Lk, 19, 1–9)[17]. Zachäus, so stellt Jabukowski heraus, biete drei Merkmale an, die ihn aus der Gemeinschaft seiner Zeit ausschlossen: Als Zöllner kollaborierte er mit den verhassten, römischen Besatzern, als Zöllner haftet ihm der Ruf an, mit den Zöllen sowohl zu wuchern als auch zu betrügen und schließlich, das für die vorliegende Arbeit wohl bedeutendste Merkmal: Zachäus „war klein von Gestalt, kleinwüchsig!" (Jabkubowski 2009, 44). Von einer Heilung des als Behinderung ausgelegten Kleinwuchses, so der Autor des kurzen Aufsatzes weiter, wird nicht berichtet. Vielmehr wird festgestellt:

> *Dieser Bericht von Jesus ist eine Inklusionsgeschichte. Zachäus, da bin ich mir ganz sicher, wird nach dem Besuch von Jesus dazugehören, wird Teil der Gemeinschaft sein. (...) Und alle Menschen haben die Gemeinschaft mit anderen Menschen verdient* (ebd.).

Das Christentum bietet somit ein nicht dagewesenes, ethisches Motiv an, in dem die Bedeutung des Individuums unabhängig von gesellschaftlichem Rang und Ansehen ins Zentrum rückt, wie etwa hier bei Zachäus zu sehen ist und an diversen weiteren Stellen ebenfalls betont wird (vgl. etwa Lk, 16, 19ff; Joh. 4, 1ff; Jak. 2, 1ff). Besonders exponiert wird dieser Punkt christlicher Ethik im Brief des Apostels Paulus an die Gemeinde in Galatien herausgearbeitet. Paulus unterrichtet die Gemeinde in folgender Grundüberzeugung des christlichen Glaubens:

> *[I]hr seid alle durch den Glauben Gottes Kinder in Christus Jesus. Denn ihr alle, die ihr auf Christus getauft seid, habt Christus angezogen. Hier ist nicht Jude noch Grieche, hier ist nicht Sklave noch Freier, hier ist nicht Mann noch Frau; denn ihr seid allesamt einer in Christus*[18] (Gal. 3, 25–28).

---

17 Und er ging nach Jericho hinein und zog hindurch. Und siehe, da war ein Mann mit Namen Zachäus, der war ein Oberer der Zöllner und war reich. Und er begehrte, Jesus zu sehen, wer er wäre, und konnte es nicht wegen der Menge; denn er war klein von Gestalt. Und er lief voraus und stieg auf einen Maulbeerbaum, um ihn zu sehen; denn dort sollte er durchkommen. Und als Jesus an die Stelle kam, sah er auf und sprach zu ihm: Zachäus, steig eilend herunter; denn ich muss heute in deinem Haus einkehren. Und er stieg eilend herunter und nahm ihn auf mit Freuden. Als sie das sahen, murrten sie alle und sprachen: Bei einem Sünder ist er eingekehrt. Zachäus aber trat vor den Herrn und sprach: Siehe, Herr, die Hälfte von meinem Besitz gebe ich den Armen, und wenn ich jemanden betrogen habe, so gebe ich es vierfach zurück. Jesus aber sprach zu ihm: Heute ist diesem Hause Heil widerfahren, denn auch er ist Abrahams Sohn. Denn der Menschensohn ist gekommen, zu suchen und selig zu machen, was verloren ist (a. a. O.).

18 ελθουσης δε της πιστεως ουκετι υπο παιδαγωγον εσμεν παντες γαρ υιοι θεου εστε δια της πιστεως εν χριστω ιησου οσοι γαρ εις χριστον εβαπτισθητε χριστον ενεδυσασθε

Hatte das Christentum in seinem Fortschreiten zwar oftmals eine erzieherische Rolle übernommen und vor allem im frühen Mittelalter auch zu einer sittlichen Bildung und Stabilisierung beigetragen, so bahnte sich dennoch der Feudalismus mit seinen, dem Dargestellten entgegengesetzten, Strukturen seinen Weg in die christliche Lehre (vgl. Moeller 2004, 133ff). So wird der transzendente Moment, auf den Jesus die christliche Ethik erbaut (Mt. 5, 3–10; Lk. 6, 20–23; vgl. Häring 2000, 81ff) unterminiert. Ungeachtet dessen erscheint der Gedanke eines sozialen Angenommenseins – unabhängig von sozialer oder politischer Herkunft, ungeachtet von Geschlecht oder möglichen Behinderungen – ein fruchtbarer Ausgangspunkt für eine Ethik der Inklusion zu sein.

Eine historische Annäherung an den Begriff Ethik ist nicht denkbar ohne eine Darstellung der Kant'schen Ethik[19], die durchgehend als eine Freiheitslehre gesehen werden kann (Baumanns 2000, 15; 32). Nach Kant sind Handlungen moralisch nur dann wertvoll, wenn sie aus Pflicht, also frei von eigenen Wünschen ausgeführt werden (Kant 1968b, 405f); dies entspricht dem *Homo noumenon* (Baumanns 2000, 50). Das Sittengesetz nun als solches leitet Kant aus der reinen Vernunft ab (Kant 1968a, 71; 1968b, 421), eine Ableitung, die schließlich im kategorischen Imperativ gipfelt, der da fordert: „Handle nur nach derjenigen Maxime, durch die du zugleich wollen kannst, daß sie ein allgemeines Gesetz werde" (Kant 1968b, 421). Ihm geht es darum, den Willen des Menschen mit Hilfe der Vernunft zu bestimmen (Ludwig, 1997, 38). Die Transformation dieses Prinzips nun auf die Gesetzgebung (vgl. Kant 1968e, 366) stellt somit die Grundlage dar, die gesamtgesellschaftliche Glückseligkeit herbeizuführen, objektiv-vernünftige Gesetze – in Form von Zwangsmitteln – bilden den Ausgangspunkt zur Erhaltung eines objektiv-vernünftigen Gesellschaftszustandes, (Klar 2000, 192; 200) innerhalb dessen dem Menschen eine nicht veräußerbare Würde in Form eines inneren Wertes zugesprochen wird (Kant 1968a, 429).

Doch auch Kants Ethik kann, in Verbindung mit seiner Anthropologie, aus einer Optik inklusiver Pädagogik nicht völlig problemlos betrachtet werden. So zeigt Saegert bereits früh auf, dass Kant in dieser Hinsicht einzig den Verstand als alleinige Instanz der „gesamten intellectuellen Erkenntniskraft"

ουκ ενι ιουδαιος ουδε ελλην ουκ ενι δουλος ουδε ελευθερος ουκ ενι αρσεν και θηλυ παντες γαρ υμεις εις εστε εν χριστω ιησου (Gal. 3, 25–28 nach Nestle-Aland 2009).

19   An dieser Stelle sei auf zwei Standartwerke zur Ethik Kants verwiesen: Beck, Lewis W.: „Kants Kritik der praktischen Vernunft: Ein Kommentar" München (1974) und Paton, Herbert J.: „The Categorial Imperativ. A Study in Kants Moral Philosophy" London (1958).

betrachtet (Saegert 1845, 5). Dabei stellt er fest, Immanuel Kant gehe von der Prämisse aus, dass es bei Menschen mit Lernbehinderungen ab einem gewissen – bei Kant nicht weiter definierten – Grad nicht mehr möglich sei die Existenz einer Seele festzustellen. Dieser Ausgangspunkt stellte für Saegert eine „trostlose Ansicht, denn wo keine Seele ist, da ist auch keine Bildung möglich" (ebd.). Und tatsächlich kann Kant so verstanden werden, dass er das Lernen dem Nachahmen gleichsetzt, jenes Talent, das in der Schule erlernt wird. Weiter unterscheidet Kant zwischen wahrem Nachahmen und Nachäffen (Kant 1968d, 308ff). Als einfältig bezeichnet Kant nun Menschen, die seines Erachtens zum Lernen nicht in der Lage sind, deren Nachahmen ein Nachäffen bleibt. Erreicht dies einen Grad, der es dem Menschen nicht erlaubt seine persönlichen Geschäfte zu erledigen, wird er nach Kant als dumm klassifiziert. Da wo ein Mensch „lediglich dazu in der Lage ist mechanische Tätigkeiten" – womöglich auch nur eingeschränkt – nachzuahmen, spricht ihm Kant das Menschsein ab, was hier durchdringt, „heißt Blödsinnigkeit und kann nicht wohl Seelenkrankheit, sondern eher Seelenlosigkeit betitelt werden" (Kant 1968d, 212). Hierdurch spricht Kant, der in den Grundlegungen zur Metaphysik der Sitten den Menschen noch von der Stufe des Objekts in die Welt des Subjekts erhebt und ihm eine inhärente Würde verleiht, betroffenen Menschen in letzter Konsequenz ihre Zugehörigkeit zur menschlichen Gattung ab (vgl. ebd. 321f).

Dennoch sind die Würde des Menschen als inhärentes Wesensmerkmal und der Kategorische Imperativ als praktische Handlungsmaxime – wie wir später noch feststellen werden – zwei Quellen für Inklusion von schier unschätzbarem Wert.

Neben Kant und seiner Gesetzesethik, entwickelt sich im 18. und 19. Jahrhundert vor allem auch die Ethik des Nützlichkeitsprinzips, der Utilitarismus. Aus der Feder Jeremias Benthams, aber vor allem der seines Schülers John Stuart Mill, entspringt der Gedanke, dass Dinge und Handlungen dann als moralisch gut zu beurteilen seien, wenn sie einen größtmöglichen Nutzen für eine möglichst große Zahl von Menschen bewirken (vgl. Bentham 1830a, 35ff). Aus der Überlegung heraus, dass die Existenz schlechter Gesetze durchaus im Bereich des Möglichen anzusiedeln sei und diese somit nicht als valides Kriterium für Gerechtigkeit anzusehen seien (Mill 2004, 76f; 82), folgert Mill, dass wirkliche Gerechtigkeit ihre Grundlage aus dem Prinzip der Nützlichkeit erlangt, und eben jene Gerechtigkeit sei moralisch gesehen die am meisten bindende (ebd. 103). Denn schließlich, so Mill weiter, „ist [es] im Grunde immer schon evident gewesen, daß alle Fälle von Gerechtigkeit auch Fälle von Nützlichkeit sind" (ebd. 111). Die Objektivierung dessen, was als Nützlich zu betrachten ist und was schadet ruht auf einem Mehrheitsentscheid, doch gilt, dass der geistige Nutzen dem leiblichen zu bevorzugen ist (Hottinger 1998, S. 248). Darum ist es oberstes Prinzip jeglicher ethischer Überlegungen die Menschen in einer Richtung zu leiten, die es ermöglicht „die möglichgrößte Summe von Glück hervor[zu]bringe[n]" (Bentham 1830a, 82).

Peter Singer fasst die Position utilitaristischer Ethik zusammen indem er formuliert:

Anstelle meiner eigenen Interessen habe ich nun die Interessen aller zu berücksichtigen, die von meiner Entscheidung betroffen sind. Dies erfordert von mir, daß ich alle diese Interessen abwäge und jenen Handlungsverlauf wähle, von dem es am wahrscheinlichsten ist, daß er die Interessen der Betroffenen weitestgehend befriedigt. (...) Die utilitaristische Position ist eine minimale, eine erste Grundlage, zu der wir gelangen, indem wir den von dem Eigeninteresse geleiteten Entscheidungsprozess universalisieren. Wollen wir moralisch denken, so können wir uns nicht weigern, diesen Schritt zu tun (Singer 1994, 30f).

Singer, der sich selbst in der Tradition Mills und Benthams sieht (vgl. ebd., 31), räsoniert in seiner praktischen Ethik unter anderem über den Wert des Lebens und stößt sich dabei offensichtlich am Begriff des menschlichen Lebens, weshalb er den Griff tätigt und die Unterscheidung zwischen Menschen als Gattungswesen und Personen als vernünftigen und selbstbewussten Wesen zu konstruieren. „Der Fötus, das schwerst geistig behinderte Kind, selbst das neugeborene Kind", kommentiert Singer, „sie alle sind unbestreitbar Mitglieder der Spezies Homo sapiens, aber niemand von ihnen besitzt ein Selbstbewusstsein" (ebd. 119). Ein Unterscheidungsmerkmal, wie es im modernen Utilitarismus gängig zu sein scheint[20] (vgl. Hirose 2013). So schafft er eine Trennung von Menschen und Personen und er kommt zu dem Schluss, dass menschlichem Leben in Form des Gattungswesens kein besonderes Recht auf Leben innewohne, im Gegensatz zu Personen (Singer 1994, 121ff), was etwa durch Aussagen wie: „Da kein Fötus eine Person ist, hat kein Fötus denselben Anspruch auf Leben wie eine Person" (ebd. 197) gefestigt wird – daher, so Singer weiter, sei nichts falsch daran Föten für das gesundheitliche Wohl von Personen zu opfern (ebd. 217). Was hier präsentiert wird, so kommentiert Antor, „ist eine *Ethik ohne Anthropologie*" (Antor 2000, 90, Hervorhebung im Original BE). Ebenso betrachtet Singer es als legitim im Falle einer Zwillingsschwangerschaft, bei der bei einem der beiden Föten eine Behinderung festzustellen sei, jenen Fötus zu opfern um dem anderen das Leben

---

20 Singer scheint hier auch nicht allzu weit von der Position Mills entfernt zu sein, der es offensichtlich auch zu billigen scheint, das Kinder mit kognitiven Behinderungen in ihrer Selbstentfaltung eingeschränkt werden (vgl. Gaulke 1996, 106).

zu ermöglichen, schließlich wäre so „die Gesamtsumme des Glücks größer, wenn der behinderte Säugling getötet wird[21]" (ebd. 237f).

Seine Position versucht Singer weiter über die Betroffenheit der Öffentlichkeit über den Contergan-Skandal als quasi gesellschaftlichen Konsens dessen, dass Menschen mit Behinderungen als bemitleidenswert zu betrachten sind zu stärken. So argumentiert er:

> *Wären wir wirklich der Überzeugung, daß es keinen Grund gibt anzunehmen, daß das Leben einer behinderten Person wahrscheinlich irgendwie schlechter ist als das einer normalen Person, dann hätten wir das damals nicht als Tragödie empfunden* (ebd. 241).

Der eigentliche Moment des ethischen Skandalons, ein Pharmakonzern, der seine Gewinnmaximierung auf Kosten gesundheitlicher Risiken von ungeborenem Leben in Kauf nimmt, wird bei Singer somit ad absurdum geführt. Obschon er sich dadurch selbst in eine paradoxe Situation führt. Ein Argument, das von Singer immer wieder angeprangert wird, ist die enorme finanzielle Belastung, die Gesellschaften durch das Vorhandensein von Kindern mit Behinderungen zu tragen haben (ebd. 116f; 270). Es ist zu vermuten, dass gerade auch in diesem monetären Aspekt einer der Punkte zu suchen ist, die Singer zu seiner Überzeugung gelangen lassen, da eine grundlegend stigmatisierende Haltung gegenüber Minoritäten, besonders auch solcher aus prekären Milieus innerhalb von Gesellschaften, den Utilitarismus zu durchziehen scheint (vgl. Bentham 1830b, 272ff; Mill 1971, 146f)[22]. Mill pointiert dies treffend indem er feststellt, dass

---

21 An dieser Stelle der Argumentation Singers tritt ganz deutlich hervor, warum eine der Inklusion verpflichtete Ethik ebenso wie eine Pädagogik der Inklusion nur über Disability Studies als Forschungsansatz gelingen kann. *„Im medizinischen Verständnis von Behinderung wird diese mit Leid und Schmerz gleichgesetzt. (...) Auf der anderen Seite wird nicht nur die Existenz des behinderten Menschen selbst als leidvoll definiert, auch sein nächstes Umfeld soll davon betroffen sein* (Volz 2003, 76f). Disability Studies sind darum bemüht beide Seiten mit ihren je eigenen Perspektiven in einen kritischen Dialog zu führen und so neue Konstellationen und Perspektiven hervorzubringen (Dederich 2012, 101).

22 John Stuart Mill geht an diesem Punkt sogar soweit zu fordern, dass es Menschen, die – trotz des Vorhandenseins eines öffentlichen Bildungssystems – nicht in der Lage seien zu lesen und zu schreiben nicht am allgemeinen Wahlrecht partizipieren sollten. Diese Ansprüche erweitert Mill noch um einige weitere, unspezifischere Bildungsgegenstände (Mill 1971, 146f). So scheint es wenig verwunderlich, dass Mill in einer allgemeinen Gleichheit des Wahlrechts kein Ideal zu sehen scheint (ebd. 155f).

die Inanspruchnahme einer Unterstützung durch die Kirchengemeinde unbedingt vom Wahlrecht ausschließen sollte. Wer sich durch seiner Hände Arbeit sein Brot selbst verdienen kann, hat keinen Anspruch auf das Recht, sich dem Geld anderer zu verhelfen. Indem er im Bezug auf seinen unmittelbaren Lebensunterhalt von den übrigen des Gemeinwesens abhängig wird, verliert er seinen Anspruch in andere Hinsicht mit ihnen die gleichen Rechte zu teilen (Mill 1971, 149).

Solche Wertmaßstäbe, die sowohl individuelles, als auch öffentliches Recht von betroffenen Menschen einschränken und zwingend zu Exklusion und Segregation führen sind aus der Perspektive der Inklusion – zumal einer Inklusion, die sich der disabilty studys als theoretischem Fundament bedient – nicht zu teilen.

In Folge dieser historischen Entwicklung ist Ausgang des 19. Jahrhunderts die vornehmste Aufgabe der Ethik, den Menschen darin zu unterstützen, die „rohen Triebe seiner animalischen Natur" zu überwinden. Die Ansprüche der Moral sollen zum Habitus des Individuums werden (Ritter 1972, 798; Schischkoff 1991, 186). Diese Entwicklung lässt eine pragmatische Ethik entstehen, deren Kern in der Akzeptanz anderer ethischer Urteile besteht (LaFollette 2006, 400), was konsequent in der impliziten Ethik gipfelt, die sich darüber definiert, vom Betrachter als primärer Erkenntnisquelle auszugehen, um aus dessen Wirklichkeitskonstruktionen (von Foerster 1993, 348) schließlich das *du sollst* zu verlassen und durch ein *ich soll* zu ersetzen (ebd. 354), um endlich dahin zu gelangen ein individuelles Wertesystem zu entwickeln, das keinerlei Einfluss auf das Handeln der Mitmenschen nehmen möchte (von Foerster/Bröker 2002, 335), die *Ego-Ethik* (Holthaus 2008, 14) schließlich wagt den Versuch Ethik und Moral zu trennen[23](Kron-Klees 2005, 10).

Die dargestellte Entwicklung der Ethik und der mit ihr einhergehenden Problematiken, lässt erkennen, dass Fragen der Ethik in der Vergangenheit darauf abzielten, wie ein gesamtgesellschaftliches Miteinander zu realisieren sei. Neuere Strömungen hingegen deuten auf eine genaue Umkehr, wie ist es möglich, trotz des vorhandenen Gesellschaftszustandes die konstruierte Seinswelt aller partizipierender Glieder zu gewährleisten? Problematisches Konstrukt in der Mehrheit ethischer Systeme scheint aber je das Vorhandensein und in Folge dessen dann auch der Umgang mit Menschen mit Behinderungen zu sein. Was dieser zu beobachtende strukturelle Wandel für sowohl für das Leben von Menschen mit

---

23 Verwiesen sei an dieser Stelle exemplarisch auf den Versuch eine, „Ethik des Erfolgs" als neue Grundorientierung zu platzieren. Deren Kern eben darin besteht den Menschen aus seinen solidarischen Banden herauszulösen und ihn zum autonomen Unternehmer werden zu lassen (vgl. Henkel 2002).

Behinderungen als aber auch für demokratische (Staats-)Systeme zu bedeuten hat, gilt es noch zu analysieren, zunächst soll die Aufmerksamkeit der Demokratie zugewandt werden.

2. Demokratie heute

Als konsensfähige Meinung gilt heute, dass Demokratie als die beste aller möglichen Staatsformen zu betrachten sei, wobei die Gründe für eine solche Überzeugung so vielgestaltig sind, wie die verschiedenen Theorien von Demokratie selbst. Sie wird wegen der Betonung individueller Freiheit, der egalitären Partizipation, ihrem politischen Wettbewerb oder ihrer Fähigkeit soziale und politische Probleme zu bekämpfen, wertgeschätzt (Horn 2003, 61). Obschon in einer empirischen Untersuchung rund die Hälfte aller Befragten die Ansicht teilte, die Demokratie als politische Herrschaftsform, wie wir sie kennen, sei von der Wirtschaft unterminiert und ausgehöhlt worden (Heitmeyer/Mansel 2003, 42).

Und doch, eines ist den demokratischen Konzeptionen heute gemein: spätestens seit Poppers Ausspruch „nirgends herrscht das Volk: Überall herrschen die Regierungen" (Popper 1987, 54) wird deutlich, dass der in der Antike geprägten Gedanke der Demokratie als der direkten Herrschaft des Volkes überholt ist. Diese Änderung ist Produkt von Historizität. Der Begriff *Demokratie* stammt ursprünglich aus dem antiken Griechenland und wurde dort vermutlich zum ersten Mal um das Jahr 460 v. Ch. gebraucht (Stüwe/Weber 2004, S. 17). Er setzt sich aus *Demos* (das Volk) und *kratein* (Herrschen) zusammen – und wurde zum Teil auch in eben dieser Form ausgeübt – doch ist die Einstellung der antiken Griechen (besonders im 4. vorchristlichen Jahrhundert) der Volksherrschaft gegenüber zunächst ambivalent (Platon[24]) bzw. als Herrschaft der Armen über die Reichen verpönt (Aristoteles[25]). Dieser historische Wandel des Demokratiebegriffs – von der reinen

---

24 Platon sieht die Demokratie zwar als die Herrschaftsform an, in der die Armen sich gegenüber den Reichen auflehnen, gibt aber zugleich zu, dass durch die Existenz mannigfaltiger Charaktere auch gute bzw. solche vorhanden sind, die es ermöglichen den von ihm gedachten Idealstaat zu verwirklichen (vgl. Platon 1958, 557a ff), demnach enthält Demokratie in seinen Augen positive wie auch negative Züge.

25 In den Augen Aristoteles' dient die Demokratie – als extreme Form der Polite – (Negt 2010, 496) ausschließlich den Armen, nicht jedoch der Gesamtheit der Bürger in einem Staat, ähnlich sieht er jedoch auch die beiden extremen Arten der Monarchie (Tyrannis) und der Aristokratie (Oligarchie), die stets ausschließlich den Vorteil der Herrschenden suchen (vgl. Aristoteles 1995, 1279b).

Volksherrschaft hin zur Herrschaft der (demokratisch) gewählten Regierung – lässt den Rückschluss zu, dass ein komplexeres Verständnis von Demokratie entstanden ist, nicht mehr die Herrschaftsform – das sich selbst regierende Volk – an sich ist das ausschlaggebende Element, vielmehr vollzieht sich Demokratie in einer Demokratisierung sozialer und politischer Kräfte (Schischkoff 1991, 124). Der von Dewey aufgeworfene Gedanke – „Die Demokratie ist mehr als eine Regierungsform; sie ist in erster Linie eine Form des Zusammenlebens der gemeinsamen und miteinander geteilten Erfahrung[26]" (Dewey 2004 121) – wird heute als die einzige Zukunftschance zur Erhaltung der Demokratie angenommen (Negt 2010, 515). Nach dieser Auffassung müsste sie erneuert werden.

Ein Wandel freilich, der nicht frei von Gefahren verlaufen kann. So verweist etwa die Analyse des wandelnden Demokratieprinzips darauf, dass mehr und mehr ein fehlerhaftes Verständnis des Liberalismus zu Tage tritt, das die Autonomie des einzelnen gegenüber der Gesellschaft in verzerrten Relationen erscheinen lässt (Fukuyama 2000, 24). Besondere Gefahr liegt dabei in der „Abkopplung der Massen vom demokratischen Institutionsgeflecht" (Negt 2010, 490), was zu einer Trennung von (politischer) Macht und der Politik selbst führt (Bauman 2000, 29). Dies wiederum birgt in sich die Gefahr, dass politische Eliten in einem zunehmenden Maß Missgunst der Demokratie gegenüber zu entwickeln beginnen (Heitmeyer/Mansel, 2003, 40). Dies ist insofern als eine logisch nachvollziehbare Konsequenz liberaler Demokratietheorien zu sehen, als diese ihre Legitimation eben von den betroffenen Rechtsgenossen erhält. Zugleich muss Demokratie aber der Spannung standhalten, jeden einzelnen der Partizipierenden zu vertreten und im selben Atemzug der Gesamtheit des Volkskörpers dienlich sein (Höffe 2009, 79). Um diese Zerreißprobe moderner Demokratie zu überstehen, schlägt Guehénno (2000, 74f) eine systematische Aufteilung der Macht vor, aus der heraus ein Missbrauch selbiger vermieden werden soll. Eine solche gezielte Aufteilung der Macht, aus der eine gerechtere Repräsentation zu erwarten sein dürfte, stellt eben jenes Moment dar, das – wie unten noch zu zeigen sein wird – es Menschen mit Behinderungen gestattet, aus der Rolle der zu Integrierenden, also der Außenseiter, herauszutreten und über den Zuspruch politischer Macht Inklusion zu erlangen. Nur eine Öffentlichkeit, also eine Gesellschaft, die an einem politischen Prozess beteiligt ist und somit gestalterische politische Möglichkeiten besitzt, kann gewährleisten, dass ihre Bedürfnisse und Interessen vertreten sind (Westbrook 2000, 350). Die wohlbekannte Schwäche repräsentativer Demokratien liegt nun darin, dass

---

26 „A democracy is more than a form of government; it is primarily a mode of associated living, of conjoint communicated experience" (Dewey 2005, 93).

zum einen die direkten Einflussmöglichkeiten sehr gering sind und zum anderen – besonders aus der Mikrokosmos-Perspektive betrachtet – die wirkliche Bevölkerungsstruktur nur unzureichend nachempfunden werden kann (Horn 2003, 78f). In eben jener Problematik liegt aktuell eine der größten Schwächen moderner, westlicher Demokratien: „Sie unternehmen nichts gegen wachsende Ungleichheit und Ausgrenzung" (Touraine 2000, 55). Dieses Phänomen korrelierender sozialer Ungleichheit auf der einen und sozialer Ungleichheit auf der anderen Seite konnte von Endrikat, Schaefer, Mansel und Heitmeyer empirisch belegt werden[27] (Endrikat/Schaefer/Mansel/Heitmeyer 2002, 45ff). Hier zeigt sich die pädagogische Dimension innerhalb des Politischen. Mansel und Heitmeyer nehmen an, dass sich diese Problematik auch in den nächsten Dekaden weiter verschärfen wird. Ihre Annahme stützen sie mit der Feststellung, dass sozial privilegierte Kinder zum einen immer noch überwiegend höhere Schulabschlüsse erzielen als Kinder aus prekären Verhältnissen, was dann wiederum zu gesteigertem Einkommen führt (Mansel/Heitmeyer 2005, 44f). Zugleich profitieren jene Kinder davon, dass sie sich ein potenzielles Erbe im Durchschnitt mit weniger Geschwisterkindern teilen müssen (ebd. 52f). Dieses für die Demokratie kritische Bild konnten sie auch in der Meinung der Bevölkerung wahrnehmen. Und zwar mit stark wachsender Tendenz seit 2002 (53% der Befragten waren der Meinung, dass Reichtum sich weiter summiere und zugleich „die Armen immer ärmer" würden). In den Folgejahren lag dieser Wert jeweils bei über 60% Zustimmung (Mansel/Heitmeyer 2005, 53).

Ob dies mit der schwindenden Partizipation an der öffentlichen Zivilgesellschaft in Verbindung zu bringen ist, kann an dieser Stelle nicht nachgewiesen werden (vgl. Ingelheart/Welzel 2005, 235ff). Was jedoch als gesichert angenommen werden kann, ist, dass politisches Interesse sowie Engagement vorwiegend bei der jüngeren Generation abnehmen. Diese beschränken sich auf Bereiche des Lebens, die von ihnen noch selbst überschaut werden können. Um dem vorzubeugen, muss Demokratie es – vielleicht heute mehr denn je in der Vergangenheit[28] – lernen erfahrbar zu werden (Meyer 2009, 138ff). Noch stärker als das Alter wirkt hier die soziale Stellung mit hinein. Je niedriger die soziale Abstammung, desto höher ist

---

27 Interessanterweise konnten die Autoren auch belegen, das gerade Menschen, die Exklusion erfahren haben, selbst wiederum in einem besonderen Maß anfällig für xenophobe Verhaltensmuster sind (Endrikat/Schaefer/Mansel/Heitmeyer 2002, 50).
28 Colin Crouch stellt diesbezüglich fest, dass es in der heutigen Gesellschaftsstruktur zu einem Ungleichgewicht zwischen Unternehmern und den übrigen gesellschaftlichen Gruppen kommt. „Zusammen mit der unvermeidlichen Entropie der Demokratie führt dies zu einer Form der Politik, die wieder zu einer Angelegenheit der geschlossenen Eliten wird – so wie dies in vordemokratischen Zeiten der Fall war" (2008, 133).

das Misstrauen der Demokratie gegenüber, was sich darin manifestiert, dass in diesem Milieu Demokratie tendenziell als entleertes Konstrukt wahrgenommen wird (Heitmeyer/Mansel 2003, 47).

Eine Position, die im weiteren Verlauf noch zu untersuchen sein wird. Zunächst gilt es aber einen Blick darauf zu werfen, wie sich eine Änderung im Verständnis von Ethik und die Realität von heutiger Demokratie, in der es Heitmeyer schafft nachzuweisen, dass Minderheiten gegenüber eine „gruppenbezogene Menschenfeindlichkeit" an den Tag gelegt wird (Heitmeyer 2006, 24)[29], zueinander verhalten.

3. Braucht Demokratie eine Ethik?

Als Ertrag des bisherigen kann festgehalten werden, dass sich die Wahrnehmung sowohl von Ethik als auch von Demokratie im heutigen Verständnis gewandelt hat. Ethik hat sich von einer Lehre der Handlungsmaximen für Gesellschaft zu einer individuellen Orientierungshilfe entwickelt. Die Demokratie wurde von der direkten Volksherrschaft zur Herrschaft der demokratisch gewählten Regierungen über Völker. Aus der Optik dieser Wandlung heraus kann die in der Kapitelüberschrift gestellte Frage nicht anders als rhetorisch aufgefasst werden.

Schon zu einem frühen Zeitpunkt moderner Philosophien von Demokratie, galt es als Konsens, dass Demokratie besondere Ansprüche, ethische und moralische, an die Bürger stellen wird. So stellt Rousseau in seinem für die europäische Demokratie prägenden (Wokkler 1999, 83; 97; 114) Gesellschaftsvertrag fest, „man braucht Götter um den Menschen Gesetze zu geben[30]" (Rousseau 1989, 413). In

---

29 Auch wenn in der auf zehn Jahre angelegten empirischen Erhebung das Item Abwertung gegenüber Menschen mit Behinderungen leicht rückläufig ist (Heitmeyer 2009, 43), die Abwertung also abnimmt, so kommt Heitmeyer in seinem Resümee dennoch zu der Feststellung, dass „die schwachen sozialen Gruppen sowie solche mit spezifischen Lebensstilen eine Ideologie der Ungleichwertigkeit sowie psychische und physische Verletzungen erfahren haben. In diesem Bereich sind also keine durchgreifenden Verbesserungen aufgetreten" (Heitmeyer 2012, 19). Menschen mit Behinderungen würden, so kann aus den Ergebnissen geschlossen werden, demnach nun weniger der Exklusion aufgrund des Merkmals *Behinderung,* als vielmehr wegen des Merkmals *Armut* ausgegrenzt werden (vgl. Wocken 2000).

30 „Il faudroit des Dieux pour donner des loix aux hommes" (Rousseau 1964, 381). In einem früheren Entwurf des Gesellschaftsvertrages, dem Genfer Manuskript, klingt dies schon an, wenn Rousseau schreibt, dass es „eines Gottes bedarf um der Menschheit gute Gesetze zu geben" (Übersetzung des Autors, vgl. Rousseau 1964, 312f).

demselben Ethos schreibt Kant, dass es „selbst für ein Volk von Teufeln" möglich wäre einen Staat zu errichten, der nach republikanischen Prinzipien regiert wird, indem der Staat darauf achtet, dass

> *eine Menge von vernünftigen Wesen, die insgesamt allgemeine Gesetze für ihre Erhaltung verlangen, deren jedes aber insgeheim sich davon auszunehmen geneigt ist, so zu ordnen und ihre Verfassung einzurichten, daß, obgleich sie in ihren Privatgesinnungen einander entgegenstreben, diese einander doch so aufhalten, daß in ihrem öffentlichen Verhalten der Erfolg eben derselbe ist, als ob sie keine solche Gesinnung hätten* (Kant 1968e, 366).

Sehr deutlich führt Tocqueville dies vor Augen. In seiner Beschreibung der amerikanischen Demokratie ist es eben jene Stärke der demokratischen Regierung und der von ihr erlassenen Gesetze, in der er ihre Gefahr und den damit zusammenhängenden Missbrauch erkennt (Tocqueville 1992, 289f). Er stellt weiter fest: „Nicht daß die Menschen hier von Natur schlechter wären als anderswo, aber die Versuchung ist stärker, und ihr sind gleichzeitig mehr Menschen ausgesetzt[31]" (Tocqueville 1987a, 386). An anderer Stelle merkt er weiterhin an, dass selbst Charaktereigenschaften, die in einer Nation gehäuft vorkommen, auf deren Verfassung zurückzuführen seien. (Tocqueville 1992, 683f). Als Höhepunkt dessen, so stellt Tocqueville fest, er

> *erblicke eine Menge einander ähnlicher, gleichgestellter Menschen, die sich ratlos im Kreis drehen (...). Über diesen erhebt sich eine gewaltige, bevormundende Macht, die allein dafür sorgt ihre Genüsse zu sichern und ihr Schicksal zu überwachen (...). Jeder dulde, daß man ihn feßle, weil er sieht, daß weder ein Mann noch eine Klasse, sondern das Volk selbst das Ende der Kette in Händen hält.*[32] (Tocqueville, 1987b, 463ff).

Das ist es, was Montesquieu unter Tugend versteht, die in seinen Augen essenziell durch die Erziehung – zumal in der Demokratie – vermittelt wird, da Erziehung das erste und prägsamste Mittel sei, um Menschen auf ihr Leben als (Staats-)Bürger vorzubereiten und von Generation zu Generation weiter getragen werden muss (Montesquieu 1989, 261f; 266f). Montesquieu erhebt Tugend somit zu einem

---

31 „Ce n'est pas que les hommes y soient naturellment pires qu'allieurs, mais le taintation y est plus forte et s'offre à plus de monde en même temps" (Tocqueville 1992, 296).

32 Je vois une foule innombrable d'hommes semblables et égaux qui tournent sans respons sur eux-mêmes (…). Au-dessous de ceux-là s' élève un pouvoir immense et tutélair, qui se charge seu d'assurer leur jouissance et de veiller sur leur sort. (…) Chaque individu souffre qu'on l'attache, parce qu'il voit que ce n'est pas un homme ni une classe, mais le peuple lui-même, qui tient le bout de chain" (Tocqueville 1992, pp. 836).

essentiellen ethischen Gut, welches durch Erziehung geschaffen und erhalten werden muss, da in einer (demokratischen) Republik das gesamte Wohl des Staates alleine an der Tugend der Bürger hängt. „Sobald diese Tugend schwindet, ergreift der Ehrgeiz die dafür empfänglichen Herzen (…). Man liebt nicht mehr was man vorher liebte. Man war mit den Gesetzen frei, jetzt will man ohne sie frei sein[33]" (Montesquieu 1994, 121). Tugend ist eben nichts anderes als die „Liebe zur Republik[34]" (ebd. 141), der Wunsch nach ethischem Handeln, aus dem heraus gute Sitten entstehen können (Montesquieu 1989, 274). Also eben das, was ursprünglich unter Ethik verstanden wurde, tritt hier nun bei Montesquieu als unerlässliches Gut für eine Demokratie hervor.

In diesem Sinn kann auch in jüngster Zeit Himmelmann (2005) verstanden werden, der im Anschluss an Klieme von der demokratischen Erziehung innerhalb der Schulen fordert, sie solle Schüler auf ihre Teilhabe als Bürger an der Gesellschaft vorbereiten. (a.a.O., 4f). Dabei geht Himmelmann soweit zu sagen, Schule selbst müsse zum „demokratischen und sozialen Erfahrungsraum entwickelt werden". Von der Institution Schule wird somit gefordert, dass sie zu einem Projekt wird, das sich einer demokratischen Handlungsorientierung unterwirft (ebd. 26f). Dieser Wandel der Schule – deren Bildungsinhalt mehr auf sogenannte *Softskills* zu achten hat – wird eben durch die besondere Abhängigkeit der Demokratie von ethisch mündigen – oder um mit Montesquieu zu sprechen – tugendhaften Bürgern notwendig. An dieser Stelle soll keine Bildungsdebatte etwa über den Primat von Soft- oder Hardskills geführt werden, sondern lediglich festgehalten werden, dass demokratische Tugenden und somit Kompetenzen, die, wie vorher gezeigt wurde, als ethisches Gerüst von Demokratie dienen, nur in einer aktiven Auseinandersetzung mit den dazugehörenden Wertevorstellungen gelingen kann (Schirp 2004, 10).

Wenn Kant Ethik formal noch in zwei Bereiche teilt, den empirischen Teil der praktischen Anthropologie und den rationalen, den Bereich allen Moralischen (Kant 1968a, 388), muss aus heutiger Perspektive festgestellt werden, dass es diese Trennung aktuell zu überwinden gilt, wenn eine wirkliche demokratische Gesinnung als Bildungsideal angestrebt wird. Nur dann kann Demokratie als ein mehr denn bloße Regierungsform existieren, kann eine Wechselwirkung zwischen allen partizipierenden Teilen der Gesellschaft entstehen und eine

---

33 Lorsque cette vertu cesse, l'ambitiob entre dans les cœrsqui peuvent la recervoi, et l'avrice entre dans tous. (…) Ce qu'on aimont, on nel'aime plus; on étoit libre aves les lois, on veut être libre contre elles. (Montesquieu 1989, 252).

34 „L'amour de la partie conduit à la bonté des mœurs" (ebd. 274).

gleichmäßige Teilhabe aller Glieder gewährleistet werden (Dewey 2005, 93; 105). Neben diesem sozialen Teil also, der ausdrücklich darlegt, dass eine Demokratie ohne die Orientierung einer Ethik keinen Bestand haben kann, kommt auch noch die individuelle Ebene hinzu – die Frage nach dem: Wer darf als Bürger an der Gesellschaft teilhaben oder anders formuliert: Was lässt den Menschen zum Bürger werden? Schließlich, so zeigte schon die Geschichte Nordamerikas und der Französischen Revolution, „entstanden die Nationen in Prozessen des Ein- und Ausschlusses, in oft polemischer und gewalttätiger Weise zu denen, die man als nicht zugehörig oder gefährlich betrachtete" (Benz/Widmann 2007, 42). Ein Faktum, das aus dem Bekenntnis zur Inklusion heraus angesprochen und überwunden werden muss!

Um dem vorzubeugen, soll sich an dieser Stelle an John Locke gehalten werden. Was nach seiner Überzeugung – in der zweiten Abhandlung über Regierung – den Menschen zum Bürger erhebt, ist nicht eine besondere Stellung, die erarbeitet oder verdient werden muss, ist keine besondere Form der Erziehung und Bildung, keine physiologische Voraussetzung, sondern ganz simpel die Zustimmung zu den staatlichen Institutionen, zur Gesetzgebung. Und, so Lockes Argumentation weiter: Diese Zustimmung muss nicht explizit – etwa in Form eines Vertrages, den man unterzeichnet – geschehen, nein, allein das Leben innerhalb der staatlichen Grenzen genügt Locke als Zustimmung und erhebt den Menschen zum Bürger (vgl. Locke 1821, 291). Dies ist im Besonderen in einer Demokratie so unerlässlich, weil sich hier die Teilnahme eben über das alltägliche Leben definiert, weil sie sich nicht aufdrängt (Reinhardt, 2004, 5).

4. Folgen der Convention on the rights of persons with disabilities[35] für Ethik und Demokratie

Über die im GG Art. 1–19 verankerten Grundrechte hinaus geht die UN-Menschenrechtskonvention über die Rechte von Menschen mit Behinderungen (im Folgenden BRK). Diese ist seit dem 26. März 2009 in Deutschland rechtskräftig

---

35 Es wird im Folgenden der Text im offiziellen (englischen) Sprachlaut herangezogen werden. Aufgrund der teilweise erheblichen sprachlichen Unschärfe wird anstelle der deutschsprachigen Arbeitsübersetzung die dem im offiziellen Wortlaut gültigen englischen Text näher angelehnte Schattenübersetzung des „Netzwerk Artikel 3" für wörtliche Zitationen in deutscher Sprache benutzt. Die Angabe erfolgt unter einem schlichten Verweis auf den entsprechenden Artikel.

(Degener 2009, 263). Und sollte als solche unmittelbar nach der Verabschiedung mit voller Geltung in Kraft treten, nicht, um zu den vorhandenen zusätzliche neue Menschenrechte hinzuzufügen, sondern lediglich um sicherzustellen, dass die vorhandenen und allgemein akzeptierten sowie gesetzlich festgeschriebenen Menschenrechte in ihrer gesamten Bandbreite ebenso für Menschen mit Behinderungen als vollkommen normal gewährleistet werden (Kallenhauge 2009, 201; 199; Wunder 2009, o.S.), quasi werden „die bereits vorhandenen universellen Menschenrechte aus einem bestimmten Blickwinkel konkretisiert" (Häcker 2009b, 22).

Um nun aufzuzeigen, welche Konsequenzen dies für ein gesellschaftliches Miteinander birgt, folgt eine kurze Rekapitulation dessen was unter Ethik und Demokratie verstanden wird bzw. wie sie uns heute begegnen. So wurde oben festgehalten, dass die Disziplin der Ethik traditionell mit der Frage beschäftigt war, wie Individuen gerecht miteinander leben könnten. Im Laufe der letzten Jahrhunderte änderte sich jedoch die Fragestellung dahingehend, wie das Individuum trotz gesellschaftlicher Einbindungen zur Selbstverwirklichung gelangen kann. Für die Demokratie wurde als Entsprechung festgehalten, dass sie mehr denn je zu einer Form des Regierens wurde denn einer gemeinschaftlichen Lebensphilosophie. Ebenso wurde in Anlehnung an Dewey und dessen Rezipienten Himmelmann, festgehalten, dass aber eben darin, Demokratie zu einer Lebensform zu transformieren, die Zukunft der Demokratie liegt (vgl. Dewey 2005; Himmelmann 2005).

Die Konvention, die alle Bereiche menschlichen Lebens anspricht, verlangt auch eindeutig und unmissverständlich das Recht auf ein qualitativ hochwertiges Bildungssystem (Degener 2009, 266). So heißt es in Art 24: „Die Vertragsstaaten anerkennen das Recht von Menschen mit Behinderungen auf Bildung. Um dieses Recht ohne Diskriminierung und auf der Grundlage der Chancengleichheit zu verwirklichen, gewährleisten die Vertragsstaaten ein inklusives Bildungssystem auf allen Ebenen und lebenslanges Lernen". Besondere Betonung verdient dabei der Aspekt, dass darunter nicht nur eine elementare Bildung zu verstehen ist, sondern, und das stellt etwa Bettina Lindmeier deutlich klar, wenn die BRK in ihrem vollen Ausmaß zur Geltung gelangen soll, bedarf es „eines tiefgreifenden Umbaus des Bildungssystems von der Krippe bis zur Hochschule" (2009, 405). Ein logischer Schluss, der sich aus diesem Postulat ableiten lässt ist, dass sich in der Arbeitswelt keine Änderung hin zur Inklusion vollziehen wird, wenn dies nicht schon in der Schule den Anfang nimmt (Feyerer 2011, o.S.). Was aber mit Art. 27 Abs. 1 unmissverständlich gefordert wird demnach soll es normal sein, dass Menschen mit Behinderungen „die Möglichkeit [haben], den Lebensunterhalt durch Arbeit zu verdienen, die in einem offenen, inklusiven und für Menschen mit Behinderungen zugänglichen Arbeitsmarkt und Arbeitsumfeld frei gewählt oder angenommen wird[36]". Gelungene Inklusion muss also eine Inklusion von Anfang an sein. Unter der gegeben Thematik ist dieser Punkt von besonders herausragender Bedeutung, da in der weltweiten Perspektive das Recht auf Bildung Kindern mit Behinderungen bislang entweder vollkommen abgesprochen wurde oder ihnen lediglich „um den Preis der Assimilation oder Aussonderung gewährt" wurde (Degener 2009, 272). Somit war ein grundlegender Faktor gesellschaftlicher Teilhabe – der Arbeitsmarkt – verschlossen. Die exponierte Darstellung von Bildung und Erziehung innerhalb der BRK zeigt eine hohe Korrelation zu der später noch ausführlich darzustellenden Demokratiepädagogik auf. Als Folge muss eine der dringlichsten Änderungen innerhalb demokratisch regierter Nationen im Bildungs- und Erziehungssystem ansetzen, um der Conevention on the rights of persons with disabilities zu entsprechen.

Richtungsweisend ist hierbei der radikale Wechsel der Optik, unter der Behinderungen erklärt werden. Es wird auf eine statische Definition verzichtet und vielmehr durch ein interaktionistisches Konzept ersetzt (Aichele 2009, 204). Die BRK verpflichtet sich vorbehaltlos dem wesentlich mehr sozial orientierten, menschenrechtlichen Modell von Behinderungen[37] (Schumann, M. 2009, o.S.; Wunder 2009, o.S.) und bildet somit eine signifikante Schnittmenge mit den Disability Studies, denn Menschenrechte können ausschließlich von Menschen gewährt werden (Degener 2009, 274f) und sind somit als relative zu betrachten, da sie im Bezug zu anderen Menschen gesetzt werden und zumindest in mittelbarer Weise als Rechte von Personen betrachtet werden müssen (Köpcke-Duttler 2009, o.S.). Menschenrechte können also nur bestehen und Geltung haben, weil es Menschen gibt, die sie anerkennen. Darum fordert die BRK „Jeder Mensch mit Behinderungen hat gleichberechtigt mit anderen das Recht auf Achtung seiner

---

36 States Parties recognize the right of persons with disabilities to work, on an equal basis with others; this includes the right to the opportunity to gain a living by work freely chosen or accepted in a labour market and work environment that is open, inclusive and accessible to persons with disabilities. (Art.27, 1).

37 Persons with disabilities include those who have long-term physical, mental, intellectual or sensory impairments which in interaction with various barriers may hinder their full and effective participation in society on an equal basis with others. (Art. 1; vgl hierzu auch Colin 2003), der dies in seiner Definition des sozial-orientierten Models von Behinderung spezifiziert in dem er herausstellt, dass „the social model of disability does not ignore questions of impairment and/or the importance of medical and therapeutic treatments." (a.a.O.).

körperlichen und seelischen Unversehrtheit[38]" (Art. 17). Als unabdingbare Folge sowohl für Ethik als auch für Demokratie muss darum mit Schönwiese geschlussfolgert werden, dass Behinderung nicht als individuelles Merkmal von Menschen gesehen wird, sondern das gesamtgesellschaftliche Phänomen, das dahinter verborgen ist soll aufgedeckt werden (Schönwiese 2009, 286), sodass Menschen mit Behinderungen als Subjekte und Bürger anerkannt werden und ihnen nicht mehr das Stigma des Objekt- oder Patientseins anhaftet (Schumann, M. 2009, o.S.). Endlich muss es dann dazu kommen, dass ein verändertes Denken auf Kategorien wie *Subhuman* konsequent verzichtet (Köpcke-Duttler 2009, o.S.).

Wenn weiter oben schon festgestellt wurde, dass es aktuell zu den großen Schwächen von Demokratie gehört, auch Minderheiten würdig und angemessen zu repräsentieren und ihnen die ihnen zustehende Geltung zukommen zu lassen, so kann etwa die Mentalität eines Gesetzgebers, das englische *inclusion* mit Einbeziehung oder Integration zu übersetzen (vgl. Tolmein 2009, 17), nicht weiter bestehen bleiben. Hier muss sich ein konsequenter Wandel abzeichnen, der auch unter Berücksichtigung des Sprachgebrauchs zum Ausdruck bringt, dass Personengruppen die aufgrund einer behinderten Wechselwirkung mit Gesellschaft zu einer Minorität erklärt werden, eben nicht am gesellschaftlichen Rand anzusiedeln sind, sondern vielmehr als ebenso vollwertige Mitglieder von Gesellschaft akzeptiert werden müssen. Dies sollte sich nicht zuletzt auch in politischem Mitspracherecht seinen Ausdruck finden. Deswegen bietet sich einer offenen Demokratie mit der *Convention on the rights of persons with disabilities* eine bahnbrechende Chance, wenn sie bereit ist das darin enthaltene politische Potential vollkommen auszuschöpfen (Tolmein 2009, 19). Immerhin garantieren die Vertragsstaaten der BRK „Menschen mit Behinderungen die politischen Rechte sowie die Möglichkeit, diese gleichberechtigt mit anderen zu genießen[39]" (Art. 29), um endlich dem demokratischen Anspruch gerecht zu werden Macht eben nicht zu missbrauchen (vgl. Guehénno 2000, 74f), sondern vielmehr Politik und die darin ausgeübte politische Macht wieder zusammenzuführen, sodass diese im gesamt repräsentierten Volkskörper – der demokratisch gewählten Regierung – ihren Ausdruck findet (vgl. Bauman 2000, 29; Negt 2010, 490). So kann auch das Diversity Prinzip zur Geltung kommen, wonach vorhandene (politische-) Systeme sich an die Menschen, die es ausmachen, anzupassen haben und nicht umgekehrt (vgl. Albers

---

38   Every person with disabilities has a right to respect for his or her physical and mental integrity on an equal basis with others. (Art. 17).
39   States Parties shall guarantee to persons with disabilities political rights and the opportunity to enjoy them on an equal basis with others (Art. 29).

2010, 32). Dies bedeutet, aber auch, dass es ebenso für Menschen mit Behinderungen Normalität sein sollte

> *„ohne Diskriminierung und gleichberechtigt mit anderen wirksam und umfassend an der Gestaltung der öffentlichen Angelegenheiten teilhaben [zu] können, und (...) die Bildung von Organisationen von Menschen mit Behinderungen, die sie auf internationaler, nationaler, regionaler und lokaler Ebene vertreten* [40]*" (Art. 29 b; b.ii).*

Folglich stellt die BRK die unausweichliche Forderung an Demokratie, dass Menschen mit Behinderungen keine gesellschaftliche Minderheit mehr bilden dürfen, die nahezu unsichtbar ist (Kallehauge 2009, 195). Stellvertretendes Handeln muss – da wo es den Bedarf persönlicher Assistenz, bzw. notwendiger Hilfestellung überschreitet – als undemokratisch überwunden werden. Vielmehr müssen Menschen mit Behinderungen darin unterstützt werden ihre Rechte selbst wahrzunehmen und auszuüben (Wunder 2009, o.S.). Dies geschieht als Wähler, in der Teilhabe an Nichtregierungsorganisationen (NGOs) (vgl. Art 29 b.i) und als aktive Politiker (vgl. Art 29 b.ii). Demokratie muss eine Erneuerung der Art erfahren, dass sie eine aktive politische Partizipation von Menschen mit Behinderungen nicht nur stillschweigend zulässt, sondern diese als normal, als Menschenrecht anerkennt (vgl. Aichele 2009, 208). Mit der Convention on the rights of persons with disabilities wird somit zugleich ein aus demokratischer Sichtweise korrigierter und verbesserter Gerechtigkeitsgedanke transportiert, eine Gerechtigkeit der wechselseitigen Anerkennung (Köpcke-Duttler 2009, o.S.).

Der Begriff der Gerechtigkeit führt aus der Demokratie heraus auf das Feld der Ethik. Deren Bedeutung für die BRK ist unverkennbar schon in der Präambel festgehalten in der es heißt, „dass jeder Mensch ohne jeglichen Unterschied Anspruch auf alle darin aufgeführten Rechte und Freiheiten hat[41]" (Präambel Abs. b) und „jede Diskriminierung aufgrund von Behinderung eine Verletzung der Würde und des Wertes darstellt, die jedem Menschen innewohnen[42]" (ebd. Abs. h). Konkretere Herausarbeitung findet dieser Aspekt unter dem Verständnis, das die Vereinten Nationen dem Recht auf Leben beimessen. Dort wird bekräftigt, „dass

---

40 States Parties shall guarantee to persons with disabilities political rights and the opportunity to enjoy them on an equal basis with others (…) [by] Forming and joining organizations of persons with disabilities to represent persons with disabilities at international, national, regional and local levels (Art. 29; 29b.ii).
41 everyone is entitled to all the rights and freedoms set forth therein, without distinction of any kind (Preamble, par. b).
42 discrimination against any person on the basis of disability is a violation of the inherent dignity and worth of the human person (Preamble, par. h).

jeder Mensch ein angeborenes Recht auf Leben hat" und die Vereinten Nationen „treffen alle erforderlichen Maßnahmen, um den wirksamen Genuss dieses Rechts durch Menschen mit Behinderungen gleichberechtigt mit anderen zu gewährleisten[43]." (Art. 10). Eine Forderung, die konsequent an Kants Definition der Menschenwürde erinnern muss, in der explizit herausgestellt wird, dass der Mensch als solcher – gleich ob mit oder ohne Behinderung – eben als ein Selbstzweck existiert und folglich „nicht bloß als Mittel zum beliebigen Gebrauche für diesen oder jenen Willen" (Kant 1968a, 428). Eine Formel des kategorischen Imperativs – der praktische Imperativ – die Kant wenig später ausweitet, vom Individuum auf die *Menschheit als Ganzes* (vgl. ebd., 429). Eine praktische Realisierung dessen kann nur über den menschlichen Willen geschehen, ein Wille, den wir als vernünftig akzeptieren müssen, da – um Kant weiter zu folgen – alleine darin die Möglichkeit für Freiheit (Zwingelberg 1969, 162) und als induktive Ableitung schließlich auch für Inklusion zu finden ist. Denn als grundlegend moralisch zu betrachtendes Wesen ist es nicht die Absicht des Menschen, „die Glückseligkeit (…) um den Preis unmoralischen Handelns [zu] erlangen" (Klar 2007, 179).

In diesem Punkt kumulieren sich die Folgen für Ethik. Was zugespitzt als implizite Ethik (von Foerster 1993, 347f) bezeichnet wird und unserer Tage die Sichtweise darstellt, die als allgemeingültig angenommen werden kann und im eigentlichen Sinne als eine Erkenntnistheorie gesehen werden muss (ebd.; vgl. ebd. 50ff; 269ff; 351ff). Die Wertebasis, derer Inklusion als Ausgangspunkt bedarf, wird dabei verworfen, was als Resultat der bedingungslosen Trennung von Ethik und Moral gesehen werden kann (vgl. von Foerster/Broeker 2002, 335; Maturana 1985, 298). Wenn nun für eine inklusive Demokratiepädagogik gefordert wird, dass sie sich an konstruktivistischen Modellen zu orientieren habe und somit zugleich eben jene implizite Ethik vermittelt (Sonntag 2010, 223), ist dies strenggenommen aus der Perspektive der BRK nur schwer nachzuvollziehen, sollte es doch „im Interesse des demokratischen Verfassungsstaates liegen, jene Sozialisationskräfte zu stützen und zu stärken, die im Stande sind, das seiner Werteordnung entsprechenden Ethos zu begründen und zu vermitteln" (Püttmann 2010, 200). So sollte folglich für eine gelungene Transformation der Gesellschaft hin zu einer auf Inklusion gegründeten Demokratie wieder grundlegende ethische Überzeugungen geteilt werden. Eine Wiedervereinigung von Ethik und Moral hin zu einer öffentlichen Moral (Holthaus 2008, 8; 108) ist dafür unerlässlich und sollte erste Folge für

---

43 (…) every human being has the inherent right to life and shall take all necessary measures to ensure its effective enjoyment by persons with disabilities on an equal basis with others. (Art. 10).

Ethik sein. Denn in letzter Konsequenz liegt dafür die Begründung des Schutzes der Unversehrtheit der Person: „Jeder Mensch mit Behinderungen hat gleichberechtigt mit anderen das Recht auf Achtung seiner körperlichen und seelischen Unversehrtheit[44]" (Art. 17).

Wenn unlängst festgestellt wurde, dass die Gesellschaft, in der wir leben, eben nicht nach den Prinzipien der Inklusion aufgebaut ist, sondern vielmehr ein elementares Problem mit inklusiven Strukturen aufzeigt (Rohrmann 2011, 16) sowie grundlegend nach Prinzipien der Aussonderung organisiert ist (Feyerer 2011, o.S.), dann sollte dies alarmieren und dazu aufrufen die Leitmetaphorik zu überdenken. Erlasse und politische Intervention in Form von Gesetzen alleine reichen nicht aus, um diesen Schritt gangbar machen zu können (Häcker 2009, 23). Die Convention on the rights of persons with disabilities erhebt den Anspruch, dass sich die gesamte staatliche Praxis an den Prinzipien der Inklusion zu orientieren habe – ein Prozess, der als solcher langfristig angelegt sein muss – und schließlich eine Transformation gesellschaftlichen Denkens und Handelns als Folge hat (Aichele 2009, 206), keine formale Inklusion, die lediglich auf Papier vorhanden ist. Vielmehr bedarf es einer Ethik, die sich konsequent der Inklusion verpflichtet, die sich selbst Werte zum Maßstab setzt, die wiederum zur Basis für Inklusion werden können (Boban/Hinz 2009, 94). Im Folgenden wird der Versuch anschließen, eben eine solche Ethik zu skizzieren.

5. Vorüberlegungen zu einer inklusiven Ethik

Inklusion kann nicht ohne eine eigenständige Ethik bestehen (vgl. Jennessen 2008, 36). Es kann an dieser Stelle kein vollendetes ethisches System entworfen werden, wie es der Inklusion entsprechen würde, doch werden Elemente aufgezeigt werden, die für eine künftige, inklusive Ethik relevant sind. Kant stellt heraus, dass die Aufgabe der Ethik darin besteht, die Spannung zwischen persönlicher Freiheit und gesellschaftlichen Regeln (in Form von Gesetzen und Normen) aufzulösen, eine Frage, die er selbst nicht letztendlich zu beantworten weiß (Zwingelberg 1969, 165; 172). Aber Kant macht deutlich, dass einer jeglichen Ethik eine Metaphysik[45] – im Sinne einer Metawissenschaft – vorauszugehen hat, um zu den Inhalten eines

---

44 „Every person with disabilities has a right to respect for his or her physical and mental integrity on an equal basis with others." (Art. 17).

45 Bestärkt wird dies unter anderem durch Hans Jonas, der festhält dass die Methaphysik die Basis bildet „in der alle Ethik letztlich gegründet sein muß" (Jonas 2007, 30).

„sittlichen Gesetz[es]" zu gelangen. Als solche muss sie die „Idee und die Prinzipien eines möglichst *reinen* Willens" untersuchen und nicht die Bedingungen und Handlungen menschlichen Wollens überhaupt. Darum gilt es sich nun auf das Feld der Philosophie zu begeben, denn die zu suchenden Überlegungen sind „nirgend anders als in einer reinen Philosophie zu suchen (Kant 1968a, 390). An dieser Stelle kann keine umfassende Auseinandersetzung aller gängigen ethischen Begründungsverfahren erfolgen, was dem Rahmen der vorliegenden Arbeit geschuldet ist. Darum erfolgt an dieser Stelle eine Orientierung an den Ausführungen Antors, der drei Begründungsverfahren hervorhebt, die deontologische, die utilitaristische sowie die diskursethische Methode (vgl. Antor 2000, 77). Wobei hier anstelle der Diskursethik auf die (radikal) konstruktivistische Ethik eingegangen wird, was sich aufgrund sonderpädagogischer Implikationen ergibt.

Der wohl eindrücklichste Autor in den Reihen der Utilitaristen ist John Stuart Mill, der die Nützlichkeitsethik knapp so umschreibt, dass Handlungen, die zur Vermehrung der „Glückseligkeit" beitragen als gut zu betrachten sind. Handlungen hingegen sind „unrecht, insofern sie das Gegentheil der Glückseligkeit bezwecken[46]" (Mill 1968, 134). Nach dieser Auffassung sind also Handlungen in dem Maß von Moralität durchdrungen, in dem sie zu dem beitragen, was als nützlich angesehen wird (Wolf 1992, 75). Über den Bereich der Erfahrung werden wir darüber informiert, wie Handlungen für eine möglichst breite Anzahl an Menschen von Nutzen sein können – vulgo sie erfreuen (Antor 2000, 78). Somit wird als Zweck des Menschen festgeschrieben, dass er ein Leben anzustreben habe, das von Genüssen überflutet ist und Leid umgeht (Mill 2000, 214), bzw. „auch die Verhinderung und Milderung des Unglücks[47]" (Mill 1968, 140) wird angestrebt. Dabei gilt es zu beachten, dass Mill – wenn er von Glückseligkeit oder auch dem parallel gebrauchten Nutzen spricht, er nicht ein Individuum ins Auge gefasst hat, sondern – in Anlehnung an Bentham (1830a, 35) – von einer größtmöglichen Anzahl von Personen spricht (vgl. Mill 2000, 218). Dies schließt in einem utilitaristischen Kontext auch nicht aus, dass eine solche Maximierung von Glückseligkeit auf Kosten von Minderheiten forciert werden kann.

Angenommen es gäbe in einer bestimmten Gesellschaft eine rassische Minderheit, die keinen besonderen Schaden anrichte (...). Ferner könnte man annehmen, daß diese Minderheit keinen besonderen Beitrag zum Allgemeinwohl leiste. So gesehen ist ihr Vorhandensein gleichgültig oder zumindest etwas nützlich. Jedoch haben die

---

46 „[A]ctions are right in proportion as they promote happiness, wrong as they tend to produce reverse of happiness" (Mill 2000, 210).
47 „(...) but the prevention or mitigation of unhappiness" (Mill 2000, 214).

restlichen Bürger nun einmal solche Vorurteile, daß sie den Anblick dieser Gruppe und sogar das Bewußtsein ihrer Anwesenheit als sehr unangenehm empfinden. Man unterbreitet Vorschläge wie man sie loswerden könnte (...). [S]elbst wenn die Beseitigung für die Minderheit sehr unangenehm wäre, [könnte] eine utilitaristische Berechnung sehr wohl zu dem Ergebnis kommen, daß dieser Schritt der Beste wäre" (Williams 1979, 68f).

Eine Lösung, die utilitaristische Ethik nicht nur für Minderheiten vorschlägt, sondern auch für Individuen von deren Leben – immer aus utilitaristischer Perspektive betrachtet – angenommen werde, es könnte mehr Leid denn Nutzen hervorbringen[48]. Somit würde eine utilitaristische Ethik eine äußerst bedenkliche Lösung bieten wie eine Ethik aussehen könnte, die einer Inklusion nicht bedarf. Aus der Perspektive eines Bemühens um eine inklusive Ethik kann die utilitaristische Überzeugung nur als *Nichtethik* gewertet werden (vgl. auch Macki 1995, 157ff).

Zu hinterfragen sind auch Ansätze von Ethik wie sie der (radikale) Konstruktivismus zum Vorschein bringt. Diesbergen stellt diesbezüglich fest, dass ein radikaler Konstruktivismus ungeeignet ist einer Gesellschaft zu helfen gemeinsame Werte zu erlangen, was er auf Schwächen konstruktivistischer Erkenntnistheorien zurückführt (Diesbergen 1998, 248; 250). Kritisch zu sehen ist hier auch, dass der Mensch erst im Fokus des anderen wirklich zum Menschen wird (vgl. Maturana/ Varela 1987, 264) – er wird zum Objekt fremder (und somit nur bedingt eigener) Erfahrung. Eine solche Ausgangslage lässt Menschen „eo ipso das, was sie zum Subjekt macht [verlieren]" (Spaemann 1987, 52). Nicht zuletzt scheint die beliebig wirkende und oftmals schlichtweg falsche (vgl. Kant, Ch. 2005, 221f; 232f)[49] Vermengung von Naturgesetzen und deren Anwendung auf den Bereich des Ethischen schwer nachvollziehbar (vgl. etwa von Foerster 1993, 57–71)[50], was sich nicht zuletzt daraus ableitet, dass es sich bei naturwissenschaftlichen Erkenntnissen

---

48 Es sei hier nur exemplarisch an das oben aufgeführte Beispiel des Säuglings mit Behinderung, Peter Singers erinnert (vgl. Singer 1994, 237f).

49 Christoph Kant gelangt zu dem Ergebnis, dass „Versuche physikalische oder mathematische Theorien als „die" Grundlagen der Sonderpädagogik bzw. der Psychologie zu etablieren (…) als gescheitert betrachtet werden" können, da „Naturwissenschaften keine Fachgebiete sind, deren Erkenntnisse willkürlich in eigene Theorien eingebaut werden können". (Kant, Ch. 2005, 232f).

50 Über den Umweg mehrerer „Kunstgriffe" gelangt von Foerster über die „Kybernetik" einer Erkenntnistheorie zu dem Schluss, dass Ethik nur durch Kybernetik erfolgen kann (von Foerster 1993, 71), was schließlich in einer „KybernEthik" gipfelt, wobei er sich in einem Paradoxon verfängt, da er selbst eingesteht, dass es unmöglich sei über Ethik zu reden (von Foerster 1993b, 60f).

und ethischen Überzeugungen auf verschiedenen Ebenen unabhängig voneinander ablaufen, denn „das Naturgesetz soll eine allgemeine Aussage enthalten von etwas, was in der Natur und durch sie wirklich erfolgt, das Sittengesetz aber (...) über etwas, was im Gebiet der Vernunft und durch sie erfolgen soll" (Schleiermacher 1984, 399). Zu prüfen wäre auch – was die Rahmenbedingungen der vorliegenden Arbeit nicht zulassen, inwieweit Hayeks Aussage: „Die konstruktivistische Interpretation von Verhaltensregeln [also von Ethik, BE] ist im Allgemeinen als Utilitarismus bekannt", zutreffend ist (Heyek 1981, 34). Ähnlich äußerte sich jüngst der Konstruktivist Tiberius, der über den radikalen Konstruktivismus feststellt: Das Brauchbarkeitskriterium ist hier der Handlungserfolg. Wenn Handeln den ex ante gesetzten Zweck erzielt, ist es erfolgreich und kann somit als viabel betrachtet werden" (Tiberius 2011, 145)[51]. Sollte eine solche Verbindung tatsächlich nachzuweisen sein, muss sich eine inklusive Ethik verpflichtet sehen auf konstruktivistische Einflüsse zu verzichten.

Vielmehr muss eine Ethik, die sich der Inklusion verpflichtet, von gewissen apriorischen Gegebenheiten ausgehen – so wie etwa die Würde des Menschen (vgl. Antor 2000) – die als unveräußerliches Menschenrecht sowohl in der allgemeinen Erklärung der Menschenrechte verankert ist und eine Konkretisierung für Menschen mit Behinderungen in der BRK findet. So kann eine inklusive Ethik, genau wie eine Demokratie, nur Bestand haben, wenn es einen geklärten Katalog von zu teilenden Überzeugungen gibt, für die eingetreten wird. Aus der Anerkennung des Menschenrechts als solchem Wert ergibt sich, dass eine inklusive Ethik Vielfalt menschlicher Erscheinungsformen ausdrücklich als anthropologische Grundlage begrüßt. Darum gehört es zu dem Unbedingten einer inklusiver Ethik, dass nicht ein Mensch oder eine Gruppe von Menschen definieren dürfen welche Merkmale vorzuweisen seien, dass bei einem Individuum von einer Person gesprochen werden darf (Braun 2003, 41; Spaemann 1987, 37; Spaemann 2003, 11; 16). Wenn in der vorliegenden Arbeit von Menschen oder Personen die Rede ist, dann meint das Menschsein von Anfang an, also noch in der pränatalen Phase – im Zweifelsfall kann ein Mensch auch ein Klumpen von Zellen sein (vgl. Braun 2003, 36; 40; Europäischer Gerichtshof 18.Okt. 2011)[52]. So ist zumindest kritisch

---

51   Vgl. hierzu auch Hoops 2009, 49f.
52   Von besonderer Bedeutung des Urteils zu dem der EGH gelangte darüber, dass menschliche Embryonen nicht patentierbar sind, ist folgender Punkt der Erklärung des Urteils: „Insofern ist jede menschliche Eizelle vom Stadium ihrer Befruchtung an als „menschlicher Embryo" im Sinne und für die Anwendung von Art. 6 Abs. 2 Buchst. c der Richtlinie anzusehen, da die Befruchtung geeignet ist, den Prozess der Entwicklung eines Menschen in Gang zu setzen (a.a.O.).

zu hinterfragen, ob eine Fachwissenschaft wie die Sonderpädagogik, die sich aus ethischen Gründen mit Nachdruck gegen eine Pränatal- sowie Präimplantationsdiagnostik ausspricht, es mit innerer Integrität vereinbaren kann, einen Schulterschluss mit gesellschaftlichen Strömungen zu schließen, deren Bestrebungen dahin gehen, ein Recht auf Abtreibung – zugespitzt kommt das Paradoxe daran noch besser zum Ausdruck – als Menschenrecht durchzusetzen. Herrscht doch eine nicht zu verschweigende Angst, dass Kinder mit Behinderungen die künftige Lebensqualität der Eltern erheblich einschränken könnten (Asch/Geller 1996, 337), eine Position, die immer wieder bei der Debatte um eine Legalisierung von Abtreibung angeführt wird, in denen dann postuliert wird, dass „ein Überleben des Kindes nicht nur den Interessen der Eltern (…) und der anderen Familienangehörigen, *sondern auch den Interessen des Kindes selbst widerspricht*[53]" (Mackie 1981, 254, Hervorhebung durch den Autor BE). Dies macht deutlich, wie dringend auch eine inklusive Ethik auf den gleichberechtigten Austausch mit Diversity und Disability Studies angewiesen ist, um etwa in einen kritischen Dialog mit dem Feminismus zu treten, in dessen Reihen sich offen für eine generelle Legalisierung von Abtreibung ausgesprochen wird[54], etwa mit der Begründung, „wenn Frauen je derselbe Grad an Selbstbestimmung zugestanden würde wie Männern (…) müssen sie auch die Macht besitzen ‚Nein' zu potentiellem Leben sagen zu können[55]" (Tong 1997, 129, Übersetzung durch den Autor BE; vgl. auch Diehl 2007, 15). Es ist eine naheliegende Annahme, dass ein generelles Befürworten von Abtreibung zugleich dazu führen würde, das Embryonen, bei denen Behinderungen vorhergesagt würden, in vermehrtem Maß Euthanasie[56] erfahren würden (Sandels 2008, 110).

---

53 Volz führt diesen Gedankengang in Anlehnung an Parens/Asch (2000) weiter und kommt dabei zu dem Schluss, dass diese „abwertende Haltung gegenüber dem Embryo und gegenüber denjenigen Menschen aus[gedrückt wird], die mit dem selben Merkmal bereits leben" (Volz 2003, 81).

54 Teilweise werden in Büchern Methoden beschrieben wie etwa durch Medikamentenmissbrauch eine Abtreibung eigenständig vorgenommen werden kann: „Das Medikament Misoprostol, das in vielen Ländern rezeptfrei in Apotheken erhältlich ist und eigentlich für die Behandlung von Hautgeschwülsten eingesetzt wird, leitet, wenn man es in die Vagina einführt, eine Abtreibung ein" (Diehl 2007, 10).

55 "If women are ever to have the same degree of autonomy as men do (…), they must have the power to say ‚No' to potential life" (a.a.O.).

56 Wie selektiv Abtreibung betrieben werden kann, berichtet Sandel über eine Klinik in Bombay, in der von 8000 Abtreibungen 7999 aufgrund des Geschlechts des erwarteten Kindes vorgenommen wurden(!) (Sandel 2008, 41). Ähnliche Befürchtungen wie sie Sandel im indischen Kulturraum beobachtet, befürchtet Volz aufgrund selektiver Abtreibungen durch pränataldiagnostischen Maßnahmen (Volz 2003, 85).

Wertende Urteile, die als Ergebnis einer pränatalen Diagnostik zustande kommen, stellen somit eindeutig eine Diskriminierung von Menschen mit Behinderungen dar (Volz 2003, 84). Dem kritischen Dialog sollte auch die Nähe einiger Autorinnen aus dem feministischen Spektrum zu John Stuart Mill angehängt werden (vgl. Nussbaum 2002, 34ff), da wie oben festgehalten Utilitarismus und Inklusion diametral gegenüber zu stehen scheinen.

Nachdem nun dargelegt wurde, dass eine inklusive Ethik keinesfalls Bestandteile utilitaristischer Ethik enthalten darf und auch die Position zur konstruktivistischen Ethik hin kritisch zu prüfen ist, gilt es nun aufzuzeigen, welches Elemente einer inklusiven Ethik sein sollten. Eine Orientierungshilfe dazu bietet Hans Wocken, der die Trias der Französischen Revolution, die auch als Eckpfeiler der Demokratie gesehen werden können: Freiheit, Gleichheit und Brüderlichkeit in Bezug zu der Convention on the rights of persons with disabilities setzt und diese demgemäß transformiert. Als Ergebnis erhält er die Trias einer inklusiven Demokratie: Selbstbestimmung, Gleichberechtigung und Teilhabe. Deontologisch[57] leitet er ab, dass diese drei Pfeiler auf der Menschenwürde als gemeinsamen Fundament ruhen (vgl. Wocken 2011, 55) und stimmt hierin mit Antors Annahme überein. In der wohl umfangreichsten Untersuchung über Gerechtigkeit und Behinderung analysiert Johannes Eurich (2008) den Ansatz von John Rawls unter einer den Disability Studies naheliegenden Optik (vgl. a.a.O., 11; 238ff) und stellt dabei fest, dass die Ethik Rawls', der eine Gerechtigkeitstheorie anstrebt, die sich von der des Utilitarismus in ihrer Gänze zu unterschieden versucht (Höffe 1977, 18; Seibert 2004, 32), gewährleisten will, dass Menschen, deren Lebensumstände dazu führen, dass sie nur bedingt selbstbestimmt agieren können, dennoch in den Genuss einer geschützten und nicht zu veräußernden Menschenwürde kommen. Auch wenn er zu dem Schluss kommt, dass dies im Denkweg von Rawls nicht für Menschen mit schweren kognitiven Behinderungen zutrifft[58] (Eurich 2008, 79f). Dies veranlasst Eurich, die Ethik John Rawls an diesem Punkt zu erweitern (vgl. ebd., 80ff), da Rawls eben nicht das gesamte Spektrum menschlichen Seins adäquat abzudecken vermag (ebd. 112). Obgleich nicht zu übersehen ist, dass Rawls es unternimmt seine Konzeption ethischen Handelns in den Kontext einer

---

57 Dieser Schluss scheint zulässig, da die Trias der inklusiven Demokratie als in sich gute Maxime angenommen werden darf. Auch eine Prüfung der drei genannten Eckpfeiler anhand des kategorischen Imperativs bestätigt diese Vermutung (vgl. Höffe 1997, 220).
58 Wir wollen dennoch nicht übersehen, dass Rawls allen Menschen eine gleiche Würde zuspricht (Seibert 2004, 339).

multiperspektifischen Lebensordnung einzubetten (Rawls 1975, 472ff; vgl. Seibert 2004, 106). Dabei kommt Eurich – unter dem Rückgriff auf Norman Daniels – zu dem Schluss, dass eine angestrebte Erweiterung prinzipiell mit der ursprünglichen Theorie vereinbar sei (Eurich 2008, 82f). Um das aufgedeckte Vakuum zu füllen, müsse, so Eurich weiter, gewährleistet werden, dass in einer Gesellschaft sowohl im Hinblick auf eine positive als auch eine negative Definition von Freiheit dafür Sorge getragen werde, dass gleichwertige Rechte realisiert werden, „um die wirkungsmächtige Interpretation von gesellschaftlichen Grundrechten nicht ungerechten Dominanz- und Unterdrückungsverhältnissen auszusetzen" (ebd., 130). Dabei scheint es Eurich nicht um die von Rawls geforderten gleichen Bürgerrechte, die er in der Verfassung niedergeschrieben sehen will (Rawls 1975, 225), zu gehen. Alleine das theoretische Vorhandensein von Chancengleichheit als Grundlage für eine gleichberechtigte Partizipation – schlussfolgert Eurich – kann nicht als ausreichend für eine inklusive Gesellschaft angenommen werden[59] (Eurich 2008, 170), sodass er zu dem Fazit gelangt:

> *Die Inklusion von Menschen mit Behinderungen kann letztlich nur dann gelingen, wenn es neben den neuen sozialpolitischen Instrumenten auch soziale Räume gibt, die so gestaltet sind, dass Menschen mit Behinderungen an sozialer Kommunikation und kulturellem Leben teilnehmen können* (ebd., 437).

Grundlegend scheint diese Forderung von Rawls erfüllt zu sein, der ein gleiches Recht aller Bürger zur politischen Partizipation fordert (Rawls 1975, 252). Für die von Rawls an dieser Stelle (vgl. ebd., 252f) nicht näher definierten Einschränkungen wird es als valide gesehen, die Theorie Rawls' um die von Eurich erdachten Erweiterungen zu bereichern.

Weiter oben wurde bereits angenommen, dass Kants kategorischer Imperativ und seine Herausarbeitung der inhärenten Würde des Menschen, seine Ethik trotz kleiner Einschränkungen als Gewinnbringend für eine inklusive Ethik angesehen werden kann. Aus der in der Bergpredigt implizierten Ethik wurde der Gedanke des unvoreingenommenen Dazugehörens – obgleich durch eine transzendentale Begründung manifestiert – als wichtige Basis angenommen. Inwieweit diese transzendentale Begründung für eine Ethik der Inklusion von Wert sein kann, soll im

---

59 So geht Rawls etwa davon aus, dass Menschen in einem theoretischen Urzustand zwei Grundprinzipien wählen würden, nach denen sie sich organisieren würden. Die wären: „einmal die Gleichheit der Grundrechte und -pflichten" sowie der „Grundsatz, daß soziale Ungleichheiten (…) nur dann gerecht sind, wenn sich aus ihnen Vorteile für jedermann ergeben, insbesondere für die schwächsten Mitglieder der Gesellschaft" (Rawls 1975, 31ff).

Folgenden kurz analysiert werden. Weiter wird festgehalten, dass die Theorie der Gerechtigkeit, wie sie Rawls vorlegt, ebenso dazu beitragen kann eine inklusive Ethik zu begründen. Damit liegt der Schluss nahe, dass eine solche Ethik am ehesten eine gemäßigt deontologische sein sollte.

Es kann also aus dem bisherigen geschlussfolgert werden, dass eine inklusive Ethik vorbehaltlos auf der Seite des Menschen stehen und dessen Würde als unveräußerlich angenommen werden muss, sie kann nicht per Definition von einer Majorität zugesprochen werden (Spaemann 1987, 37; 92). Wenn nun metaphysische Anfangsgründe im Sinne apriorischer Eigenschaften wie etwa die Würde des Menschen aus dem Bereich der Metaphysik heraus in den Bereich physischer Erkenntnis hinein gerückt werden, erhebt sich der Mensch zu dem sich selbst Transzendierenden. Sein vornehmster schöpferischer Akt gipfelt schließlich in dem *lasst uns Menschen machen, in dem Bilde, das wir für sie vorherbestimmt haben, das vollkommen unserem Willen unterworfen sei!* An dieser Stelle drängt sich die Frage auf, wie einem solchen Homunkulus eben jene inhärente Würde, die ihn aus dem Bereich der Dinge heraus erheben würde, zugesprochen werden kann, oder anders formuliert: Die durch Nietzsche propagierte Überwindung des Menschen endet nicht bei dem von ihm erwarteten Übermenschen (vgl. Nietzsche 2005, 36), vielmehr scheint das Ergebnis des Überwindens ein vollendetes Beseitigen zur Folge zu haben. Wir folgen hier Spaemann und nehmen mit ihm an,

> *[d]er Mensch kann sich nicht nach dem Bild des Menschen formen. Wenn wir auf das blicken, »was die Natur aus dem Menschen« macht, so treiben wir Biologie und sprechen unvermeidlich von etwas, was weniger ist als der Mensch. (...) Fragen wir aber, »was er als frei handelndes Wesen aus sich selbst macht oder machen kann und soll«, so müssen wir vom Unbedingten sprechen, also von dem, was mehr ist als der Mensch"* (Spaemann 1987, 37f).

Je größer der Einfluss des Menschen als Gattung darauf wird, wie er sich zu gestalten versucht, umso mehr wächst seine eigene Verantwortung dafür, wie die Menschheit wird[60] (Sandels 2008, 108f). Eine Belehrung darüber wie der Mensch sein *soll*, kann weder aus der Anthropologie noch aus der Ethik kommen (Spaemann 1987, 37), beide können – in dieser Hinsicht – nur das Seiende

---

60 „Denn die Macht des Menschen aus sich zu machen, was ihm beliebt, bedeutet, die Macht weniger, aus anderen zu machen was *ihnen* beliebt" (Lewis 2003, 62) kommentiert Lewis diesen Schritt, um dann weiter festzustellen, „wir werden endlich ein Rasse von Konditionierten haben, die tatsächlich die ganze Nachwelt nach ihrem Belieben formen können" (ebd., 63). Ein Prozess, der schließlich den Menschen zerstören wird (ebd., 75).

beschreiben. „Eine Segnung, wenn wir uns als Geschöpfe der Natur, Gottes oder des Schicksals ansehen, ist, dass wir nicht völlig dafür verantwortlich sind, wie wir sind" (Sandels 2008, 109). Würden je Menschen nachfolgender Generation in einem solchen Ausmaß dem Willen anderer unterworfen sein, könnten diese schwerlich selbst noch als Personen bezeichnet werden (Hentig 2009, 518). Eine Bedrohung, die nicht erst seit dem Bekanntwerden erster gelungener Klonversuche[61] wie ein Damoklesschwert über der Menschheit schwebt: „Falls ein bestimmtes Zeitalter dank der Eugenik und einer wissenschaftlichen Erziehung die Macht erlangte, seine Nachkommen nach Belieben herzustellen, so sind in Wirklichkeit alle nachfolgenden Menschen dieser Macht unterworfen" (Lewis 2003, 60). Oder anders ausgedrückt, mit der Erschaffung genetisch normierter Menschen geht die Selektion des Lebenswerten und Lebensunwerten (Lesch 2004, 100) und somit die Abkehr von einer apriorischen Menschenwürde einher.

Die Aufgabe unserer Tage ist es uns zu entscheiden, welchen Weg wir einschlagen möchten: Soll der Mensch überwunden werden, um den Homunkulus zu schaffen oder gilt es Jonas (2007, 36) beizupflichten, dessen Imperativ es ist den Menschen als Gattung um jeden Preis zu erhalten? Entscheiden wir uns für jene Variante, die uns Jonas nahelegt, scheint eine inklusive Ethik unverzichtbar, schließlich, so stellt Spaemann fest, stelle die moderne, auf Optimierung[62] und Fortschritt geeichte Gesellschaft „für die Würde des Menschen eine Bedrohung dar, wie sie bisher niemals existiert hat" (Spaemann 1987, 101). Aus dieser Überlegung heraus muss die erste Grundthese einer inklusiven Ethik lauten, dass der Mensch und das menschliche Leben als uneingeschränkt schützenswert zu

---

61 So stellt der Biochemiker Trutz Eyke Podschun fest: „Wir stehen zur Zeit an einer Schwelle, die zu überschreiten von der Öffentlichkeit erlaubt werden muß. Falls sie nicht die Schwelle in eine Welt sein soll, in der wir eine völlig andere Gesellschaft vorfinden werden als wir sie heute haben und wohl auch mehrheitlich künftig haben wollen. Ich spreche hierbei nicht von einer Gesellschaft, die aus klonierten Individuen optimierter Vorzeigemenschen besteht. Ich rede von einer Gesellschaft, in der eine kleine Minderheit in faschistoider Weise eine überwältigende, schweigende Mehrheit bevormundet" (Podschun 1999, XII). Hieran anschließend knüpft der Humangenetiker Wolfram Henn an, der betont, dass es für das Menschsein gut ist, wenn Verschiedenheit und Impferektion bestehen (Henn 2004, 173).

62 Vgl. hierzu besonders Sandels (2008, 67ff), der sich eingehend mit der Ethik des biotechnischen Optimierens und dessen Folgen auf Erziehung auseinandersetzt. Dabei kommt er zu dem Schluss, dass wir „keinen Grund [haben], die gentechnische Manipulation von Kindern zu bejahen. Vielmehr ergibt sich daraus ein Grund, die niedrig-technisierten Hochdruckmethoden der Kindererziehung die wir gemeinhin akzeptieren, in Frage zu stellen" (a.a.O., 82).

gelten haben. Dies bedeutet auch, dass die von Wocken entworfene inklusive Trias nicht nur aus drei gleichwertigen Teilen besteht, sondern, dass sie nur als „eine untrennbare Einheit" gesehen werden können (Wocken 2011, 58f), die sich aus der Menschenwürde heraus ergibt. Es folgt also eine additive Stufenfolge: Menschenwürde, inklusive Trias, Inklusion. Jegliche Verstöße, jegliches Relativieren der Menschenwürde oder gar ein gänzliches Missachten menschlicher Würde hat somit zur Folge, dass Inklusion nicht sein kann. Aus dem Dargelegten lässt sich für eine inklusive Ethik ein vorläufiger Imperativ ableiten, der besagt, dass der Menschheit – im Individuum wie als Ganzes – mit dem Maß an Würde zu begegnen ist, das die Trias der Inklusion ermöglicht.

II Inklusive Pädagogik auf der Grundlage von Disability Studies

1. Über die Convention on the rights of persons with disabilities und Inklusion

In der Vergangenheit stellten die rund 600.000.000 Menschen mit Behinderungen eine Minderheit dar, die quasi nicht wahrgenommen wurde (Kallehauge 2009, 195). Dies – so das Ergebnis der Diversity Studies – ist darauf zurückzuführen, dass „die Norm einer Gesellschaft durch eine als dominant zu bezeichnende Gruppe (…), [die] ohne Körperbehinderung lebt", konstruiert wird (Jennessen 2010, 122). Die Forderung nach einer Menschenrechtskonvention, die sich speziell der Belange von Menschen mit Behinderungen annimmt, ist nicht neu und wurde schon in den 1980er Jahren gefordert (Degener 2006, 104). Erklärtes Ziel dieser Konvention sind rechtlich bindende Normen, die Menschen mit Behinderungen Schutz und selbstbestimmte Teilhabe garantieren (Kallehauge 2009, 198). Innerhalb der Independent Living Bewegung, die zu einem großen Teil dazu beigetragen hat, dass eine solche Konvention entstehen konnte, wurden Inklusion und volle Teilhabe zu allen Zeiten als ein Traum angesehen, ein Traum, den es durch gemeinschaftliches Handeln zu realisieren gilt (Hasler 2003, o.S.).

Es ging bei diesem Entstehungsprozess zu keiner Zeit darum gesondertes Menschenrecht zu entwerfen oder zu vertreten (Degener 2006, 106), es sollte nur gewährleistet sein, dass Menschen mit Behinderungen voll emanzipiert Teilhabe an den allgemein anerkannten Menschenrechten haben (Kallehauge 2009, 199). Somit war klar, dass sich eine Konvention „auf alle denkbaren Lebensbereiche, die von Menschenrechten erfasst werden" erstrecken soll (Aichele 2009, 205). Erklärtes Ziel war es in jeder Phase der Entstehung, volle Teilhabe zu erfahren, gleichberechtigt behandelt zu werden und auf dieser Grundlage gemeinsam mit Menschen ohne Behinderungen gemeinschaftlich zu leben (Hasler 2003, o.S.). Im Sommer 2002 wurde dann begonnen eine Konzeption zu entwerfen, die als Grundlage für eine spätere Behindertenrechtskonvention dienen sollte (Degener 2006, 104). Während die Convention on the rights of persons with disabilities entworfen wurde, war es noch Usus, dass Behinderung als ein Expertenthema aufgefasst und diskutiert wurde, doch der Entwurf orientierte sich an dem Slogan „*nichts über uns ohne uns*", sodass es nur logisch war, dass der gesamte Prozess der Entstehung der BRK von Menschen mit Behinderungen als Experten in eigener Sache mit herausgearbeitet wurde (Degener 2006, 110). Um dem zu entsprechen, rekrutierte sich die Hälfte der Delegierten aus Vertretern der Weltverbände für Menschen mit Behinderungen. Der Kreis der Abgesandten entwickelte eine Eigendynamik – entsprechend der Disabilty Studies – in der Menschen mit Behinderungen die treibenden Kräfte der Sitzungen waren (Lindmeier, B. 2009, 396). Dabei war es nicht das Anliegen der Vereinten Nationen eine abschließende Definition von Behinderung zu konstruieren. Wofür sie sich aber einsetzten, war die Überwindung des medizinisch orientierten Defizitansatzes (Aichele 2009, 204). Daraus folgte die Orientierung am sozialen Modell von Behinderung, welches zurückzuführen ist auf die Independent Living Bewegung (Hasler 2003, o.S.).

Aus einem solchen Hintergrund der Entstehung war es fast logisch, dass festgestellt wurde, dass „Behinderung aus der Wechselwirkung zwischen Menschen mit Beeinträchtigungen und einstellungs- und umweltbedingten Barrieren entsteht[63]" (Präambel, e). So konnte der Slogan der Independent Living Bewegung „*Nichts über uns ohne uns*" mit der Ratifizierung der Convention on the rights of persons with disabilities in die Tat umgesetzt werden (Degener 2009, 269). Ohne die aktive Teilnahme der internationalen Bewegung von Menschen mit Behinderungen, die sich für ihre gleichberechtigte Teilhabe einsetzten, wäre die Konvention, dergestalt wie sie ratifiziert wurde, nicht denkbar gewesen (Schönwiese 2009, 286). Beispielhaft seien angeführt Artikel 1:

Zweck dieses Übereinkommens ist es, den vollen und gleichberechtigten Genuss aller Menschenrechte und Grundfreiheiten durch alle Menschen mit Behinderungen zu fördern, zu schützen und zu gewährleisten und die Achtung der ihnen innewohnenden Würde zufördern[64] *(Art. 1).*

Artikel 3

Zur Förderung der Gleichberechtigung und zur Beseitigung von Diskriminierung unternehmen die Vertragsstaaten alle geeigneten Schritte, um die Bereitstellung angemessener Vorkehrungen zu gewährleisten"

---

63 „disability is an evolving concept and that disability results from the interaction between persons with impairments and attitudinal and environmental barriers" (Preamble, e).

64 The purpose of the present Convention is to promote, protect and ensure the full and equal enjoyment of all human rights and fundamental freedoms by all persons with disabilities, and to promote respect for their inherent dignity (Art. 1).

sowie des Weiteren Artikel 8, 2a;b

> *Die Vertragsstaaten verpflichten sich, sofortige, wirksame und geeignete Maßnahmen zu ergreifen, um (...) das Bewusstsein für die Fähigkeiten und den Beitrag von Menschen mit Behinderungen zu fördern. Zu den diesbezüglichen Maßnahmen gehören a) die Einleitung und dauerhafte Durchführung wirksamer Kampagnen zur Bewusstseinsbildung in der Öffentlichkeit mit dem Ziel, i) die Aufgeschlossenheit gegenüber den Rechten von Menschen mit Behinderungen zu erhöhen, ii) eine positive Wahrnehmung von Menschen mit Behinderungen und ein größeres gesellschaftliches Bewusstsein ihnen gegenüber zu fördern, iii) die Anerkennung der Fertigkeiten, Verdienste und Fähigkeiten von Menschen mit Behinderungen und ihres Beitrags zur Arbeitswelt und zum Arbeitsmarkt zu fördern; b) die Förderung einer respektvollen Einstellung gegenüber den Rechten von Menschen mit Behinderungen auf allen Ebenen des Bildungssystems, auch bei allen Kindern von früher Kindheit an*[65].

Diese exemplarisch ausgewählten Artikel lassen erkennen, wie durch Methoden der Disability Studies – als theoretischem Arm der Behindertenrechtsbewegung (Degener 2009, 275) ein Anfang initiiert wurde, der sowohl Politik als auch Gesellschaft dazu auffordert, gleichwertige „Lebensverhältnisse und Lebensbedingungen" zu schaffen (Kluge 2009, 160). Es ist somit deutlich zu erkennen, dass die BRK dafür einsteht, dass Menschen mit Behinderungen vorbehaltlos und ohne weitere Bedingungen erfüllen zu müssen in die Gesellschaft einzubeziehen sind (Wunder 2010, 25). Mit anderen Worten: Aus der Convention on the rights of persons with disabilities geht hervor, dass unsere Gesellschaft sich öffnen muss und sich der Inklusion zu verpflichten hat. Im Weiteren gilt es nun zu untersuchen, welchen Beitrag die Pädagogik zu diesem Ziel beitragen kann.

2. Inklusive Pädagogik – mehr als nur ein Wort?

Nachdem der erste Teil der vorliegend Arbeit sich überwiegend mit den ethischen und politischen Grundlegungen einer inklusiven Gesellschaft beschäftigt hat, die – so hier angenommen – in Interdependenz mit einem der Inklusion verpflichteten Schulsystem zu sehen ist, wird der zweite Teil sich nun den

---

[65] Measures to this end include: (a) Initiating and maintaining effective public awareness campaigns designed: (i) To nurture receptiveness to the rights of persons with disabilities; (ii) To promote positive perceptions and greater social awareness towards persons with disabilities; (iii) To promote recognition of the skills, merits and abilities of persons with disabilities, and of their contributions to the workplace and the labor market; (b) Fostering at all levels of the education system, including in all children from an early age, an attitude of respect for the rights of persons with disabilities (Art. 8, 2a;b).

pädagogischen Konsequenzen widmen, die deduktiv aus einer inklusiven Ethik hervorgehen. Darum gilt es zunächst zu klären, was unter inklusiver Pädagogik[66] zu verstehen ist. Um diesen Schritt zu gehen, sollte zunächst in Erinnerung gerufen werden, was im Vorliegenden unter inklusiver Pädagogik verstanden wird, nämlich in der Hauptsache „den vorbehaltlosen Einbezug aller Kinder in das Bildungssystem, welches radikal zu reformieren ist" (Bürli et. al 2009, 293). Oder anders ausgedrückt: „Von Inklusion spricht man, wenn von allem Anfang keinerlei Trennungen erfolgen, wenn auf Kategorisierung und Etikettierung (...) grundsätzlich verzichtet werden" (ebd., 298). Dem geht voraus, dass eine inklusive Ethik jedem Menschen von Anfang an das uneingeschränkte Recht auf selbstbestimmtes Leben einräumt, ein Recht, das in konsequenter Wechselwirkung mit dem Recht auf eine ebenso selbstbestimmte Bildung einhergeht (vgl. Wieczorek 2007, 115). Inklusive Pädagogik jedoch meint nicht a priori, was an dieser Stelle mit der BRK konform geht, eine zwingende Änderung jeglicher Strukturierung des gegliederten schulischen Systems[67] (Wocken 2010a, 167). Um weiter mit Hans Wocken zu argumentieren, versteht sich eine inklusive Pädagogik in erster Linie als eine Pädagogik der Vielfalt. Dies meint zuerst eine Vielfalt der Schülerinnen und Schüler, will heißen, inklusive Pädagogik kann nicht auf ein bestimmtes Klientel herunter gebrochen werden (Wocken 2010b, 205), sondern definiert sich aus ihrem Selbstverständnis heraus als eine Pädagogik für alle. Und – um dies zu konkretisieren – sie ist eine Pädagogik „die die Bedürfnisse *aller Kinder* (Hervorhebung durch den Autor. BE) als gleichberechtigt ansieht" (Federolf 2010, 213). Aufgrund der Vielfalt der Schüler muss, als logische Konsequenz, eine Vielfalt des Unterrichts geschaffen werden. Inklusion und die damit zusammenhängende Begrüßung von Diversität muss zur Folge haben, dass allen Adressaten von Pädagogik ein unabdingbares Recht auf individuelle Differenzierung zugesprochen wird (vgl. Wocken 2010a, 169), das sich daran orientiert, welche individuellen Bedingungen erfüllt werden müssen um einen gewinnbringenden pädagogischen Prozess anzustoßen

---

66   Wenn im Folgenden von Pädagogik gesprochen wird, meint dies einen weit gefassten Begriff (vgl. Gudjons 2003, 19f; Hehlmann, 1967, 395f; Schischkoff 1991, 537). Diese Weite ist hier sehr erwünscht und umfasst – wo nicht explizit anders betont – Erziehung und Bildung, muss jedoch, um die Schärfe der Thematik nicht zu verwischen immer wieder auf die Schulpädagogik bezogen werden. Ebenso kann sie nur von institutionellen Erziehungssettings ausgehen.
67   So lässt sich aus der Convention on the rights of persons with disabilites heraus nicht der Schluss ziehen, den Eberwein schon aus der Grundgesetzänderung des Jahres 1994 zieht, dass Förderschulen verfassungswidrig seien (vgl. Eberwein 1998, 66f).

(Feyrer 2011). Wenn nun also inklusiver Pädagogik ihr gesamtes Spektrum an Möglichkeiten eröffnet werden soll, ist es essenziell eine gleichwertige Bildung für alle nicht mit einer gleichen Bildung für alle zu verwechseln (Wocken 2010b, 207). Differenzierte Unterrichtskultur soll es ermöglichen allen Schülerinnen und Schülern, mit und ohne Behinderungen, ihr volles Potential auszuschöpfen (Schumann 2009, o.S.) Mit den Worten des Index für Inklusion zusammengefasst würde die Kurzformel lauten: „Inklusion geht es darum, alle Barrieren in Bildung und Erziehung für alle SchülerInnen auf ein Minimum zu reduzieren" (Boban/Hinz 2003, 10).

Eine Pädagogik, die sich der Inklusion verpflichtet fühlt, erkennt deswegen vorbehaltlos Förderbedarfe von Schülerinnen und Schülern jeglicher Art eo ipso an, dies gilt für Schülerinnen mit und ohne Behinderungen. Thesen wie etwa: „Für die radikalen Inklusions-Theoretiker entfällt somit jeder sonderpädagogische Förderbedarf, der Leidtragende dieses Ideologems ist im Zweifel der Behinderte selbst, dem programmatisch die Aufmerksamkeit entzogen wird" (Geyer 2011), zeugen aber davon, dass eben jener Aspekt des Inklusionsgedankens die Öffentlichkeit bislang nicht erreicht hat[68]. Dieses unvoreingenommene Anerkennen von Diversität seitens der Schüler und einer entsprechenden Anpassung der pädagogischen Umgebung im Hinblick auf die Bedarfe der Schüler muss sich dann aber auch in der Lehrerbildung selbst wieder spiegeln (vgl. Jennessen 2010, 124f). Dort müssen angehende Pädagogen angeleitet werden, das nötige Rüstzeug für Inklusion zu erlernen (Wocken 2009, 218) – wobei an dieser Stelle der Wissenschaft die Aufgabe zukommt den methodischen Rahmen einer inklusiven Pädagogik zu erarbeiten (Hausmanns 2009, 222f). Ablehnung von Seiten der Lehrpersonen mit Hinweis auf eine nicht vorhandene sonderpädagogische Ausbildung stellen einen der größten Steine dar, die inklusiver Pädagogik im Weg liegen (Jennessen 2010, 127), auch wenn sich an dieser Stelle die Frage stellt, ob eine solche Argumentation seitens der Lehrer nach der Ratifizierung der BRK als verfassungskonform gesehen werden kann (vgl. u.a. Art. 5; 7; 8,2b; 24). Im Hinblick auf inklusive Unterrichtsangebote scheint eine solche Argumentation jedoch im Vorfeld schon fadenscheinig, denn der Lehrer als Solist ist in einem inklusiven pädagogischen Setting nicht gefragt – die im Mittelpunkt stehenden Schülerinnen und Schüler werden von einem multidisziplinären Team in ihren Lernprozessen begleitet, angeleitet und wo notwendig entsprechend individueller Bedarfe unterstützt

---

68 Ob dies in Zusammenhang mit einem nicht geklärten Verständnis von Inklusion innerhalb der Sonderpädagogik steht, kann an dieser Stelle nicht explizit herausgearbeitet werden, obschon dieser Verdacht naheliegend ist.

(Wocken 2010, 207; Federolf 2010, 214). Mittlerweile existieren empirische Befunde, die nahe legen, dass nicht sonderpädagogisch ausgebildete Lehrkräfte, die in integrativen Unterrichtsangeboten gemeinsam mit Sonder- und Heilpädagogen zusammenarbeiten, automatisch eine besondere Sensibilität für die individuellen Förderbedürfnisse von Schülerinnen und Schülern mit Behinderungen ausbilden (Jacobs 2011, 133; Joller-Graf/Tanner/Buholzer 2010, 20).

Weiter kann eine Pädagogik, die sich selbst im Fokus einer umfassenden Inklusion sieht, nicht an den Ausgängen von Schulen enden. Vielmehr können jegliche Bemühungen um Inklusion nur dann gelingen, wenn eine inklusive Pädagogik den Blick über den Tellerrand der Schule hinaus wagt und den Sozialraum[69] von Schülerinnen und Schülern konsequent mitbestimmt – inklusive Pädagogik bildet somit ein Bindeglied zwischen dem Individuum und der Öffentlichkeit, also der Gesellschaft (Jennessen 2010, 129). Ihre Perspektive richtet sich nicht nur auf die aktuell schulische Gegenwart des Schülers, sondern hat auch das Danach im Visier. Denn so stellt sich schließlich die Frage, wie sollen gesellschaftliche Veränderungsprozesse – etwa in Bezug auf den Arbeitsmark – eingeleitet werden, wenn der Zugang zur Schule oder zu qualifizierten Abschlüssen verwehrt wird (Feyrer 2011).

Schließlich ist sich eine inklusive Pädagogik bewusst, dass sie ihrem Anspruch nur durch Interdisziplinarität[70] über die verschiedenen pädagogischen und

---

69 Sozialraum wird hier und im Folgenden im Sinne des Bollnow'schen Raumbegriffs verstanden: „Inwiefern ist so etwas wie Raum notwendig, um den Menschen in seinem Wesen zu begreifen?" (Bollnow 1963, 499) lautet eine der einleitenden Fragen, die sich O. F. Bollnow in seinem Aufsatz „Mensch und Raum" stellt. Bollnow definiert den Begriff Raum nicht im klassischen, mathematischen Sinn (vgl. Euklid 2005, 315ff), sondern er zieht für seine Definition das Verhältnis des Individuums zu seinem Umwelt-Raum heran und stellt sich die Frage, wie der Raum wahrgenommen wird (Bollnow 1962, 3). So fügt er schließlich dem abstrakten Gebilde des Raums eine soziale Komponente hinzu, und stellt endlich fest, dass sich innerhalb dieses vom Menschen durchorganisierten Raums gewisse Kraftlinien existieren, an denen entlang Menschen ihr Leben gestalten.

70 Interdisziplinarität ist jedoch nur in solchen Fällen möglich, in denen „bis zu einem gewissen Grad die Methoden der Erkenntnisgewinnung und auch die aus diesen Erkenntnissen geschlossenen Schlussfolgerungen akzeptiert werden" (Kant, Ch 2005, 222). Christian Kant stellt ebenfalls heraus, dass etwa viele Faktoren dafür sprechen, dass die Physik, die in vielen Fällen zur Begründung sonderpädagogischer Erkenntnisgewinnung herangezogen wird, dazu schlichtweg inkompatibel erscheint (ebd. 232). Darum darf eine inklusive Pädagogik Interdisziplinarität „nicht mit Affirmation gegenüber mächtigen oder gerade zeitgeistig erwünschten Fachargumentationen verwechselt werden" (Schönwiese 2009, 288).

didaktischen Handlungsfelder hinaus gerecht werden kann. Zwei Disziplinen, die von nicht zu unterschätzender Bedeutung für eine gelungene inklusive Pädagogik anerkannt werden müssen, sind bislang beide – zumindest was den deutschsprachigen Raum betrifft – gar nicht bzw. kaum mit ihr in Verbindung gebracht worden, die Demokratiepädagogik auf der einen Seite (vgl. Sonntag 2010, 220) und Disability Studies auf der anderen (vgl. Schönwiese 2009, 285). Beide scheinen jedoch unerlässlich, und sollen darum an dieser Stelle einer näheren Betrachtung unterzogen werden.

3. Was ist Demokratiepädagogik[71]?

Erziehung kann nichts sein, was von der Gesellschaft als solcher und ihrem damit zusammenhängenden Einfluss unabhängig angesehen werden kann (Correll 1968, S. 90).

Einzelne existierende Forschungsprojekte zu Rechtsvorstellungen und Religion oder zu Milieu und Gewaltbereitschaft weisen darauf hin, dass die individuellen Handlungsgrundlagen für ein Leben in unserer Demokratie teilweise abhängig von den tradierten Narrativen und Formen des Zusammenlebens in einzelnen Gruppen der Gesellschaft sind (Abs/Roczen/Klieme 2007, 72).

Fast konsequent schließt daran die Forderung an, dass sich jede Pädagogik innerhalb demokratischer Regierungssysteme an demokratischen Werten zu orientieren hat (Himmelmann 2004, 6). Einen wirklichen gesellschaftlichen Wert bergen aber ausschließlich solche Handlungen in sich, die dazu beitragen, dass der Austausch an Erfahrungen zwischen Individuum und Gesellschaft gefördert wird. Dieser Wert ist aber wechselwirksam zu betrachten, zum einen erhält eine Handlung ihren sozialen Wert dadurch, dass die Gesellschaft von den individuellen Erfahrungen profitiert, zum anderen ist eine Handlung aber auch dann als nützliche soziale Interaktion anzusehen, wenn die Gesellschaft ihre Funktion wahrnimmt und einzelne Individuen nährt, diese also von den Erfahrungen der Gesellschaft profitieren (Dewey 2005, 163). Diese Überzeugung Deweys wird auch vom Modellprogramm der Bund-Länder-Kommission für Bildungsplanung

---

71 Wenn im Folgenden von Demokratiepädagogik gesprochen wird, beziehen sich konzeptionelle Ansätze – soweit nicht explizit anders erwähnt – auf das Programm: „Demokratie lernen & leben" der Bund-Länder-Kommission für Bildungsplanung und Forschungsförderung, das wie vorliegende Arbeit von dem demokratischen Ansatz nach John Dewey ausgeht.

und Forschungsförderung (BLK), unter der Federführung von Edelstein und Fauser, geteilt (vgl. Edelstein/Fauser 2001, 18).

Einer Demokratiepädagogik mit einem solchen Selbstverständnis geht es nicht um eine theoretische Belehrung, sondern sie möchte den Schülerinnen und Schülern ermöglichen selbst konkrete Erfahrungen mit Demokratie – in all ihren Facetten – sammeln zu können (Himmelmann 2004, 9). Für die einzelnen Schulen bringt dies zunächst eine sehr weittragende aber logische Konsequenz mit sich, die sich darin zeigt, dass innerhalb des Schulalltags ein radikal verändertes Klima geschaffen werden muss, das sich uneingeschränkt dadurch auszeichnet, dass alle am Schulalltag Partizipierenden als gleichwertig[72] anerkannt werden (Füssel 2004, 11). Dieser Schritt muss bewusst gegangen werden, da sich die Perspektive des auf sich selbst gerichteten Individuums hin zum „demokratisch geprägten Selbst" nicht von alleine einstellt (Himmelmann 2004, 4). Dies zu fördern beinhaltet ebenso, dass die Schüler selbst gefordert sein müssen, dass sie dazu ermutigt werden ihren Beitrag zu leisten und eine Lernkultur zu schaffen, die sich an demokratischen Überzeugungen orientiert (ebd., 6). Ein entscheidender Schritt in diese Richtung – besonders im Hinblick auf die BRK – ist die von Fritzsche formulierte Menschenrechtsbildung, sie sollte unverzichtbarer Bestandteil jeglicher Demokratie sein (Fritzsche 2004, 1). Erfahrene Demokratiepädagogik muss dann zu einer *Anstiftung zur Freiheit* (Sander 2007, 43ff) werden.

Hier schließt erneut der zentrale Gedanke der Demokratiepädagogik an, welcher besagt, dass Gesellschaft nicht ohne eine gemeinsame Wertebasis existieren kann, und folglich eben jene Werte, die sich aus den generellen Menschenrechten rekrutieren, auch zentraler Bestandteil der Demokratiepädagogik sein müssen (Brandstätter/Frey/Schneider 2006, 1). Der schulische Erfahrungsraum hat dies zu fördern, da „Demokratie als Herrschaftsform auch eine sozial-moralische Unterfütterung braucht" (Himmelmann 2004, 6). Eine Komponente, die aufgrund veränderter Familiensituationen und Sozialisationsprozesse mehr und mehr der Schule zufallen wird (Schirp 2004, 1; vgl. Negt 1997, 65ff; 91). So kommt auch

---

72 Füssels Aufzählung erweitert an dieser Stelle noch um „gleich" und „gleichrangig". Auf beide wird hier explizit verzichtet, da eine generelle Gleichheit nur sehr begrenzt mit der Individualität des Inklusionskonzepts vereinbart werden kann. Gleichrangigkeit wird ausgespart, da es auf der Hand liegt, dass Schülerinnen und Schülern andere Funktionen innerhalb der Schule zufallen als Lehrkräften, pädagogischem Fachpersonal, Therapeuten, Hausmeistern, etc. Dies schließt daran an, dass auch die alltägliche Teilnahme am gesellschaftlichen Leben „unumgänglich über Alltagsrollen gegeben [ist]" (Reinhardt 2004, 5), in denen gleichwertige Menschen sich auf unterschiedlichen Ebenen und in verschiedenen Rollen begegnen.

eine Analyse verschiedener Ansätze demokratischer Pädagogik zu dem Schluss, dass ein normativer Bezugsrahmen innerhalb der Demokratiepädagogik – unabhängig von kulturellen Eigenheiten – unerlässlich ist, um kognitive Erkenntnisse mit praktischem Handeln zu verbinden (Himmelmann 2005, 57). Eine einseitige Betonung der normativen Seite – die etwa der traditionelle Politikunterricht allzu oft bietet – muss jedoch vermieden werden, da diese bei einseitiger Anwendung nur wenig dazu geeignet scheint mit konkret erfahrbarem demokratischem Leben in Verbindung gebracht zu werden[73] (Reinhardt 2004, 14). Dem geschuldet, wird für demokratische Pädagogik festgestellt, dass die individuelle Erfahrung unersetzbar ist, und dass deren Intensität proportional mit dem Ausmaß der Bedeutsamkeit der erfahrenen Situationen zunimmt (Edelstein/Fauser 2001, 59).

Partizipation der Schüler beginnt in den alltäglichen Situationen der Schule, etwa durch Einführung eines Klassenrates und geht bis zur Schülervertretung. Andererseits spricht in einer demokratischen Lernkultur auch nichts gegen eine Partizipation, die es Schülern ermöglicht Einfluss auf Planung und Evaluation von Unterricht zu nehmen (Georgie, 2006, 30). Eine Perspektive, die jedoch allzuoft vernachlässigt wird (Herrmann 2012, 299).

Um eine solche Entwicklung zu ermöglichen, präsentiert sich die demokratiepädagogische Konzeption der BLK modularisiert. Vier Module wurden dazu ausgearbeitet und beschrieben: Modul 1: Unterricht, Modul 2: Lernen in Projekten, Modul 3: Schule als Demokratie, Modul 4: Schule in der Demokratie[74] (Edelstein/Fauser 2001, 27ff). Hierin zeigt sich der hierarchisch strukturierte Aufbau des Demokratieverständnisses von unten her, indem Systemsicht und Bürgersicht miteinander vereint werden (Reinhardt 2004, 3), indem von der Basis, dem unmittelbaren Erfahren der Schüler im Unterrichtsgeschehen ausgegangen wird, eine Erfahrung, auf deren Grundlage schließlich eine Demokratie innerhalb der Schule geschaffen wird, um anschließend daran die Schule – und somit jede einzelne

---

73 So konnte nachgewiesen werden, dass das einseitige Einwirken des Lehrers als „Moralerzieher" keinen positiven Einfluss auf das tatsächliche Ausmaß von Ehrlichkeit und Altruismus bei Kindern hervorruft (vgl. Kohlberg/Turiel 1996, 20; 22).
74 Die Evaluation des Programms legte jedoch an den Tag, dass viele der Schulen zwar modularisierte Demokratie-Bausteine in ihren Unterrichtsalltag eingebaut haben, diese jedoch in vielen Fällen nicht als verpflichtend oder sogar überhaupt nicht explizit für Schülerinnen und Schüler angeboten wurden (Abs/Roczen/Klieme 2007, 15). Externe Unterstützung für die Durchführung der Projekte für Schüler und Lehrerseite nutzten weniger als ein Drittel der beteiligen Schulen (ebd.16), und nur 16,4% der Schulen führten die Maßnahmen unter Einbeziehung des gesamten Lehrerkollegiums durch (ebd. 17).

Schülerin und jeden einzelnen Schüler – als Teil eines vorhandenen demokratischen Systems zu integrieren. „Demokratie-Erziehung fängt also bei jungen Menschen und zukünftigen Bürgern an. Sie sollen von Anfang an Unteilbarkeit der Grund- und Menschenrechte als Werte ansehen, die auch ihnen selbst Chancen, Perspektiven und Lebenshilfen anbieten" (Himmelmann 2004, 7).

So lässt sich für Demokratiepädagogik festhalten, dass sie nicht als standardisiertes Maßnahmenpaket zu erscheinen hat, sondern sich spezifischer Maßnahmenpakete zu bedienen hat (Abs/Roczen/Klieme 2007, 18). Im Mittelpunkt hat aber zu jeder Zeit die Partizipation der Schüler zu stehen (Georgie 2006, 34f) – auch wenn diese verschieden ausgeprägt auftritt, was zum Teil sicherlich auch der Altersstruktur der Schule geschuldet ist. Es sollte Ziel der Schule sein, Schüler darin zu unterstützen politische Mündigkeit zu erlangen[75]. Demokratiepädagogik als solche will und kann nicht Schülern eine rein theoretische Basis von Demokratie vermitteln und darauf hoffen Lernerfolge, im Sinne demokratischer Kompetenzvermittlung zu erreichen, ein solches Unterfangen ist zum Scheitern verurteilt und ähnelt mehr der Indoktrination denn einer demokratischen Erziehung (Kohlberg 1996, 61). Aber Demokratiepädagogik kann den Schülerinnen und Schülern Demokratie als erfahrbaren Wert präsentieren, sie daran partizipieren lassen und ihnen somit konkrete demokratische Sensationen vermitteln, aus denen heraus das Lernen von Demokratie intrinsisch initiiert werden kann. Ein solches Lernen hat es schließlich zum Ziel, Schüler dahingehend zu fördern, dass sie befähigt werden, politische Urteilsbildung zustande zu bringen (Sander 2007, 245).

Bevor nun ein Blick hin zu den Schnittmengen und Desideraten zwischen inklusiver Pädagogik und Demokratiepädagogik geworfen wird, schließt zunächst eine Analyse an, welche Folgen sich aus der BRK für Schulpädagogik auf der einen und welche konkreten Folgen sich für den Inklusionsbegriff auf der anderen Seite ableiten lassen.

4. Folgen der Convention on the rights of people with disabilities für (Schul-)Pädagogik

Dass unsere Schulen einen Veränderungsprozess durchlaufen müssen, um sich für die gesellschaftlichen und wirtschaftlichen Herausforderungen der Zukunft zu

---

[75] Als schulisches Ideal hierfür kann etwa die Internatsschule Summerhill angeführt werden, die sich selbst einer radikalen demokratischen Schülermitverwaltung und Selbstregulierung (vgl. Egger 1989, 216) unterzieht, und zwar konsequent nach dem Prinzip eine Person, eine Stimme (Neill 2004, 60 vgl.auch Neill 1995, Neill 2005).

rüsten, ist kein Geheimnis, es wurde schon zu Genüge und in verschiedene Richtungen thematisiert und Gegenvorschläge wurden ausgebreitet (vgl. Hentig 2003, 214ff; Henkel 2005, 353ff; Lelgemann 2010, 257f). Die Frage der Verfassungskonformität des Schulsystems wurde angesprochen (vgl. Eberwein1998, 66ff) und doch, so muss schlussendlich festgehalten werden, wird das Schulsystem, aus der Angst die Kontrolle darüber zu verlieren, von staatlicher Seite „in einem reformfeindlichen Schwebezustand" gehalten (Negt 1997, 241). Eine konkrete Verpflichtung diesen Zustand zu überwinden und eine Reform in Richtung eines der Inklusion verpflichteten Schulsystems in die Wege zu leiten, findet sich in der Convention on the rights of persons with disabilities, aus der heraus pädagogische Schulkonzepte neu zu überdenken sind (Lindmeier, B. 2009 403ff).

Artikel 24 der BRK, der sich mit Bildung befasst, gehört zu den umfangreichsten Artikeln der Konvention. Wenn man – wie es die Demokratiepädagogik nahelegt – von einem Wandel der Gesellschaft über Pädagogik, in Form verschiedener Mittel der Erziehung und Bildung ausgeht, darf Artikel 24 wohl als derjenige mit dem am weitesten reichenden Veränderungspotential angesehen werden. An dieser Stelle soll nun aufgezeigt werden, welche konkreten Veränderungen dies für die Schulpädagogik mit sich bringt.

Jedoch muss dem zunächst ein Kritikpunkt vorausgestellt werden. Zwar äußert sich die Convention on the rights of persons with disabilities zur Lehrerfrage (vgl. Art 24, 4) sogar in der löblichen Form, die disabilty mainstreaming beachtet, wenn festgelegt wird, dass Lehrkräfte „einschließlich solcher mit Behinderungen" (a.a.O) eingestellt werden. Doch geht m.E. die Konvention an dieser Stelle nicht den nötigen Schritt darüber hinaus, da sie eben jene Lehrkräfte in ihrer vollen Tragweite begrenzt. Es ist nicht zu verkennen, dass mit der Berücksichtigung alternativer Kommunikationsformen ein Meilenstein der inklusiven Pädagogik gesetzt wird, jedoch darf an dieser Stelle nicht stehen geblieben werden. Es wäre wünschenswert, wenn die Frage der inklusiven Lehreraus- und Weiterbildung in einem eigenen Artikel geregelt wäre, um ihr den Stellenwert zukommen zu lassen, den sie in diesem Prozess der Umwandlung hin zur Inklusion benötigt (vgl. Hausmanns 2009, 223; Wocken 2009, 218; 2010a, 177; 2010b, 206;).

Die Vertragsstaaten anerkennen das Recht von Menschen mit Behinderungen auf Bildung. Um dieses Recht ohne Diskriminierung und auf der Grundlage der Chancengleichheit zu verwirklichen, gewährleisten die Vertragsstaaten ein inklusives Bildungssystem auf allen Ebenen und lebenslanges Lernen[76](Art 24, 1).

---

76 States Parties recognize the right of persons with disabilities to education. With a view to realizing this right without discrimination and on the basis of equal opportunity,

Aus dieser einleitenden Feststellung der BRK heraus kann abgeleitet werden, dass das Recht auf eine inklusive Bildung ein Menschenrecht ist (Markowetz 2009, 53), das sich als ein personales auszeichnet, weil es das Individuum selbst betrifft und zugleich als ein soziales, da mit der Anerkennung des Rechts auf inklusive Bildung, die sich der Chancengleichheit verpflichtet, frei von jeglicher Diskriminierung, zugleich bedeutet, dass die Würde des einzelnen Menschen mit Behinderung anerkannt und geachtet wird (Köpcke-Duttler 2009, o.S). Was einer der klaren Zielsetzungen der BRK, dem Ausweiten der allgemeinen Menschenrechte auf den Kontext von Behinderung zuzuschneiden und Menschen mit Behinderungen – auch in Fragen der Bildung – als Subjekte mit voller Teilhabe an eben jenen Menschenrechten herauszustellen – entspricht (Degener 2006, 110). Ein Punkt, der sich in Art. 24, Abs. 1a findet, wenn als Ziel der geforderten Reform des Bildungswesens festgeschrieben wird;

> *[d]ie menschlichen Möglichkeiten sowie das Bewusstsein der Würde und das Selbstwertgefühl des Menschen voll zur Entfaltung zu bringen und die Achtung vor den Menschenrechten, den Grundfreiheiten und der menschlichen Vielfalt zu stärken*[77]*.*
> *(a.a.O.)*

Dieser Achtung folgt selbsterklärend die Anerkennung spezieller nicht segregierender Fördermaßnahmen (Wunder 2009, o.S.) und der Förderung von spezifischen Umständen, die jeder Schülerin und jedem Schüler seinen individuellen Weg der Entwicklung und des Lernens eröffnen (Lelgemann 2010, 260, vgl. auch Art. 2b;c). Während ein Modell integrativer Pädagogik noch die Anpassung des Schülers mit Behinderung an die bestehenden Institutionen fordern würde, also eine Zwei-Gruppen-Theorie vertritt (vgl. Frey 2011, o.S.), bedeutet die verbindlich festgeschriebene Perspektive der Inklusion „alle Schüler ungeachtet ihrer individuellen Unterschiede gemeinsam zu unterrichten" (Schumann 2009, o.S.), so dass nicht Schülerinnen und Schüler sich einem unveränderlichen System anpassen müssen. Der Diversity Ansatz kommt hier zum Tragen, die Vielfalt der Individuen „gilt es nicht nur anzuerkennen, sondern als reiche Quelle der Anregung [innerhalb der Schule] zu nutzen" (Boban/Hinz 2009b, 94). Trotz enormer Unterschiede ihrer Person sind alle Kinder in einem inklusiv-pädagogischen Umfeld willkommen und mit den gleichen, unveräußerlichen Rechten ausgestattet

---

States Parties shall ensure an inclusive education system at all levels and lifelong learning (Art. 24,1).

77 „The full development of human potential and sense of dignity and self-worth, and the strengthening of respect for human rights, fundamental freedoms and human diversity" (Art. 24, 1a).

(Wocken 2010, 169). Inklusion geht auf dieser Ebene den umgekehrten Weg und bessert institutionelle Defizite nach, indem sie sich an den Menschen orientiert und ausnahmslos allen Kindern dabei behilflich ist „ihre Persönlichkeit, ihre Begabungen, ihre Kreativität sowie ihre geistigen und körperlichen Fähigkeiten voll zur Entfaltung bringen zu lassen[78]" (Art. 24, Abs. 1b). Eine solche radikale Orientierung an den vorliegenden Bedürfnissen aller Kinder führt schließlich über den Weg der Verbesserung der Qualität der Schulbildung hin zum Vorteil für die Gesamtgesellschaft (Frey 2011, o.S.).

Doch die Verbindlichkeiten der BRK gehen weiter als einen schlichten Wechsel der pädagogischen Haltung einzufordern. Wenn Hans Wocken (2009) über die allgemeine Pädagogik noch feststellt, dass diese nicht der Inklusion verpflichtet ist, sondern in den „Ketten des gegliederten Schulwesens gefangen ist" (Wocken 2009, 217), zeigt dies schon die Richtung auf, die von der Convention on the rights of persons with disabilities gefordert wird:

Bei der Verwirklichung dieses Rechts stellen die Vertragsstaaten sicher, dass (...) Menschen mit Behinderungen gleichberechtigt mit anderen in der Gemeinschaft, in der sie leben, Zugang zu einem integrativen inklusiven, hochwertigen und unentgeltlichen Unterricht an Grundschulen und weiterführenden Schulen haben; Menschen mit Behinderungen innerhalb des allgemeinen Bildungssystems die notwendige Unterstützung geleistet wird, um ihre wirksame Bildung zu ermöglichen[79] (Art 24, 2b, d).

Nicht alleine die Haltung innerhalb der allgemeinen (Schul-)Pädagogik ist es, die einer Veränderung bedarf, sondern ein generelles Überdenken des Verhältnisses zwischen allgemeiner Pädagogik und dem, was seit den Vorträgen Georgens und Deinhardt im Jahr 1860 als Heilpädagogik (vgl. Georgens/Deinhardt 1979), Sonderpädagogik oder Förderpädagogik bekannt ist, muss forciert werden. Letztendlich fordert die BRK mit Artikel 24, Absatz 4:

Um zur Verwirklichung dieses Rechts beizutragen, treffen die Vertragsstaaten geeignete Maßnahmen zur Einstellung von Lehrkräften, einschließlich solcher mit Behinderungen, die in Gebärdensprache oder Brailleschrift ausgebildet sind, und zur Schulung von Fachkräften sowie Mitarbeitern und Mitarbeiterinnen auf allen Ebenen des Bildungswesens. Diese Schulung schließt die Schärfung des Bewusstseins für

---

78 „(...) their personality, talents and creativity, as well as their mental and physical abilities, to their fullest potential (Art 24, 1b).

79 States Parties shall ensure that: (...) Persons with disabilities can access an inclusive, quality and free primary education and secondary education on an equal basis with others in the communities in which they live; Persons with disabilities receive the support required, within the general education system, to facilitate their effective education (Art. 24, 2b;d).

Behinderungen und die Verwendung geeigneter ergänzender und alternativer Formen, Mittel und Formate der Kommunikation sowie pädagogische Verfahren und Materialien zur Unterstützung von Menschen mit Behinderungen ein[80]

nichts anderes als den Paradigmenwechsel innerhalb der Pädagogik, weg von einer der Selektion unterworfenen Pädagogik hin zu einer allgemeinen Pädagogik, die sich selbst als eine inklusive Pädagogik wahrnimmt, intrinsisch motiviert und im interdisziplinären Dialog zu einer „Pädagogik für Alle" (Wocken 2009) entwickelt (Kluge 2009, 162f).

Eine umfassende Bildungsreform im Geiste der Inklusion geht aber noch weiter, sie fordert nicht nur den Wechsel der pädagogischen Leitmetaphorik, sie geht auch an das gesamte System der Schule. So bemerkt Ströbel bereits drei Jahre bevor die BRK ratifiziert wurde, dass es aus Sicht der Disability Studies keinen Bedarf für ein separierendes Sonderschulwesen gibt und fordert vielmehr, „dass alle Kinder und Jugendlichen in dieselbe Schule gehen", an der Lehrerinnen und Lehrer unterrichten, deren Ausbildung und deren pädagogische Haltung sie dazu befähigen auf alle Schülerinnen und Schüler einzugehen, ganz gleich welche individuellen Förderbedarfe sie an den Tag legen (Ströbel 2006, 45f). Eine Forderung, die mit der BRK im Rücken mit Nachdruck wiederholt wird, wenn gefordert wird, dass Inklusion das gesamte gegliederte Schulwesen zu überwinden anstrebt und als Antwort eine Schule für alle anvisiert (Wocken 2009, 219). Diese Schule muss aus Perspektive der BRK auf ein geändertes Schulgesetz gründen, das ein Recht auf inklusive Bildung garantiert, nötigenfalls auch mit juristischen Mitteln (Hausmanns 2009, 220; Jennessen 2010, 132), wenn eine Veränderung sich nicht abzeichnet.

Ungeachtet dessen ist sicher, ein Wandel hin zur Inklusion stellt die Systemfrage innerhalb der Institution Schule, auch wenn aus den einleitenden Fragen des entscheidenden Artikels 24, dass die Vertragsstaaten ein inklusives Bildungssystem garantieren, das frei sein wird von Selektion und Segregation (vgl. Art 24, 1) nicht im Entferntesten eine bestimmte Schulart beschrieben wird (vgl. Wocken 2010a, 167f). Aus heutiger Sicht würde dennoch vieles dafür sprechen, dass eine inklusive Schule aus der heutigen Gesamtschule, bei deren Konzeption schon

---

80 In order to help ensure the realization of this right, States Parties shall take appropriate measures to employ teachers, including teachers with disabilities, who are qualified in sign language and/or Braille, and to train professionals and staff who work at all levels of education. Such training shall incorporate disability awareness and the use of appropriate augmentative and alternative modes, means and formats of communication, educational techniques and materials to support persons with disabilities. (Art. 24, 4).

viele der aktuellen augenscheinlichen Problematiken des Schulsystems aufgezeigt wurden (vgl. Sander/Roloff/Winkler 1971 46ff; 64ff; 164ff; 200ff), deren Funktion etwa darin bestehen kann, für einen – im Vorfeld abgesteckten Übergangszeitraum – Integrationsklassen in die schon bestehende Schule hineinzunehmen (Kluge 2009, 163), um den – wie es derzeit erscheint – Schritt zur Inklusion über eine temporäre Integration zu gehen (Feuser 2009, 164; Markowetz 2009, 54), was auch zur Sensibilisierung und praktischen Fortbildung von Lehrkräften und pädagogischem Fachpersonal beitragen kann (vgl. Joller-Graf/Tanner/Buholzer 2010, 20).

Ein solches Schulsystem beschreibt Hans Wocken als das „inklusive Regelsystem" (vgl. Wocken 2010a). Aus der Vorüberlegung, dass etwa zehn Prozent aller Schülerinnen und Schüler einen besonderen Förderbedarf aufweisen, schlussfolgert er, dass auf etwa vier Klassen einer Schule so viele Schüler kommen, um dafür eine volle sonderpädagogische Stelle aufbringen zu können. Diese Lehrkraft könnte bei einem normalen Deputat täglich in jeder Klasse sein – und hätte zusätzlich noch Zeit zur Verfügung, die etwa für Beratung, Entwicklung, Netzwerkarbeit etc. aufgebracht werden könnte (ebd. 170). Diese pauschale Zuweisung anhand einer 10% Klausel dient für Wocken als Mittel um Etikettierung und Stigmatisierung zu überwinden, da nicht mehr „namentlich benannte Kinder" die Objekte der sonderpädagogischen Förderung darstellen, sondern diese schulbezogen vorhanden ist (ebd. 171). Wocken betont aber zugleich, dass ein Verzicht auf eine Zuweisungsdiagnostik keine Absage an jegliche Diagnostik darstellt, sondern lediglich eine Abwendung von einer Diagnostik, die behindert macht – Dekategorisierung ist hierbei der Schlüssel – wenn in einer inklusiven Schule diagnostiziert wird, dann, um die „angemessene Vorkehrungen für die Bedürfnisse des Einzelnen[81]" (Art. 24, 2c) herauszuarbeiten (Wocken 2010a, 172). Weiterhin wird die Interdisziplinarität innerhalb der Schule eingefordert, die über Teamteaching-Situationen hinausgeht und bedarfsgerechtes Fachpersonal – etwa Erzieher, Sozialpädagogen oder ggf. auch Heilerziehungspfleger – in das System der inklusiven Schule einbezieht (ebd. 172f). Damit einher geht der Wandel, dass nicht mehr die Schülerin oder der Schüler mit einem Förderbedarf die Schule besucht, die ihr oder ihm eine angemessene Förderung bieten kann, sondern Lehrerinnen und Lehrer mit sonderpädagogischer Ausbildung suchen gezielt die Schulen und Klassen auf, in denen der Bedarf dafür vorhanden ist. Hieran schließt endlich die Forderung Wockens an, dass es eines Wandels

---

81 „States Parties shall ensure that reasonable accommodation of the individual's requirements is provided" (Art. 24, 2c).

weg von der Sonderschule hin zum Förderzentrum bedarf, dies sind „Schulen ohne Schüler" (ebd. 174). Damit einher geht auch der stückweise Wandel der Tätigkeiten des Sonderpädagogen mehr und mehr hin zu einem Berater, der das Umfeld mehr als das Kind selbst prägt und berät, um dafür Sorge zu tragen, dass das gesamtgesellschaftliche System inklusive Werte weiter trägt und sich weiter dafür offen hält, jedem Menschen mit seinen individuellen Besonderheiten volle Teilhabe zu gewähren.

An den Faktor gelingender Inklusion anknüpfend, dass diese eben nicht an und mit der Schule endet, sondern in den Sozialraum hinausgetragen werden muss (vgl. Jennessen 2010, 125) und übereinstimmend mit Art. 24, Abs. 5: „Die Vertragsstaaten stellen sicher, dass Menschen mit Behinderungen ohne Diskriminierung und gleichberechtigt mit anderen Zugang zu allgemeiner tertiärer Bildung, Berufsausbildung, Erwachsenenbildung und lebenslangem Lernen haben[82]", sollte das von Hans Wocken vorgestellte inklusive Regelsystem noch um die Komponente der berufsorientierten Bildungsbegleitung erweitert werden, bei der Schulabgängerinnen und Schulabgänger in ihrer Berufsfindungsphase unterstützt und begleitet werden – was etwa über Praktika und deren gemeinsame Analyse geschehen kann[83] (vgl. Radatz et. al. 2005, 26f). Die wissenschaftliche Begleitung von sozialräumlich arbeitenden Projekten zum Übergang von Schülern mir Förderbedarf in das Arbeitsleben hat ergeben, dass mit einer solchen Begleitung ernstzunehmende Erfolge erzielt werden (vgl. Fischer/Heger/ Laubenstein 2008). Diese Ergänzung der Überlegung Wockens stellt die logische Konsequenz dar, um den in der Präambel der BRK festgehaltenen „wertvollen Beitrag, den Menschen mit Behinderungen zum allgemeinen Wohl und zur Vielfalt ihrer Gesellschaft leisten[84]" (Netzwerk Artikel 3 2009, 2) zur vollen Geltung zu bringen und somit einen weiteren Schritt zur Umsetzung der Convention on the rights of persons with disabiliitys beizutragen. Und Menschen

---

82 „States Parties shall ensure that persons with disabilities are able to access general tertiary education, vocational training, adult education and lifelong learning without discrimination and on an equal basis with others" (Art. 24, 5).

83 Als Orientierungshilfe könnte hier etwa das Bamberger Modell herangezogen werden, das über gezielte Netzwerkarbeit Menschen mit Behinderungen dabei assistiert eine Arbeitsstelle entsprechend ihrer individuellen Fähigkeiten und Möglichkeiten zu finden (vgl. Eichner 2008).

84 „The States Parties to the present Convention, Recognizing (Hervorhebung im Original BE) the valued existing and potential contributions made by persons with disabilities to the overall well-being and diversity of their communities" (UN 2009, 2).

mit Behinderungen dabei zu unterstützen ihren voll emanzipierten Platz in einer Arbeitswelt einnehmen zu können, die sich (noch!) nicht als inklusiv präsentiert und „nur marginal daran interessiert [ist] behinderten Menschen[sic!] inklusive Arbeitsverhältnisse (...) anzubieten" (Lelgemann 2010, 152).

Dieser äußere Rahmen, muss aber auch mit einem entsprechenden inhaltlichen Angebot ausgefüllt werden (Hausmanns 2009, 223; Wocken 2009, 218). Pädagogische Inhalte, die sich der Inklusion verpflichten, können nicht stur auf standardisierte Leistungsansprüche und somit auf ein einheitlich festgeschriebenes Curriculum zurückgreifen. Bildungsstandards können lediglich eine Orientierungshilfe bieten, die nach unten und oben einen sehr flexiblen Rahmen aufweisen müssen, in dem sich alle Schülerinnen und Schüler bewegen können (Jennessen 2010, 130f) – ungeachtet spezieller Förderbedürfnisse auf der einen und Hochbegabung auf der anderen Seite. Spätestens seit der mittlerweile fast wieder in Vergessenheit geratenen PISA-Studie müsste hinlänglich bekannt sein, dass genau hierin eins der größten Probleme des deutschen Bildungssystems liegt, dass Leistungsdruck und nicht Beziehungsqualität im Vordergrund stehen – und es konnte nachgewiesen werden, dass hier reformpädagogische Ansätze besser in die Unterrichtskultur hineinpassen würden (Sacher 2005, 30f). Denn diese tragen dem Umstand Rechnung, dass Kinder und Jugendliche beim Lernen komplexe Erfahrungen machen und dabei nicht immer systematisch oder planmäßig vorgehen, sondern vielmehr selbstständig, sprunghaft und fächerübergreifend lernen, daher gilt es besonders beim Schaffen von Lernanreizen darauf zu achten, dass scheinbar gezielt gewählte Förderung nicht die Selbstregulierungskräfte des Kindes überschreitet und es in der individuellen Entwicklung hemmt (Wieczorek 2007a, 72f).

Folglich geht es einem inhaltlichen Angebot der inklusiven Schule nicht darum, vollkommen neue Bildungspläne zu entwerfen – vielmehr müssen die vorhandenen Lehr- und Rahmenpläne sich einem pädagogischen Wandel unterziehen und sich durch reformpädagogische Einflüsse erneuern lassen. Aus dem Blickwinkel einer der Inklusion verpflichteten Demokratiepädagogik erscheint der pädagogische Ansatz John Deweys als der Weg, der diesem Umstand am ehesten gerecht werden kann (vgl. Dewey 1975, 84ff). Eine solche Verbindung zwischen Demokratiepädagogik und Inklusion, die im Laufe dieser Arbeit noch weiter auszuarbeiten sein wird, enthält das Potential – im Sinne der BRK – eine neue Epoche der Pädagogik zur Folge zu haben! Zunächst gilt es jedoch, Ursachenfaktoren für die veränderte Leitmetaphorik innerhalb des sonderpädagogischen Forschungsfeldes näher zu analysieren aus dem heraus der Gedanke der Inklusion entsprungen ist.

5. Zum Verhältnis von inklusiver Pädagogik und Disability Studies

Die Beziehung, in der sich Disability Studies und inklusive Pädagogik zueinander befinden, ist bislang in der Literatur des deutschsprachigen Raums kaum angesprochen worden und so gibt es, bis auf wenige Anhaltspunkte, nahezu keine festgehaltene Schnittmengen (vgl. Schönwiese 2009, 285ff). Justin Powell (2006) unternimmt etwa den Versuch aus der Perspektive der Disability Studies heraus die Institutionalisierung schulischer Behinderung zu beschreiben und wagt damit einen Schritt in bis dahin nicht kartographiertes Neuland (vgl. Powell 2006, 231ff). Einen ersten vagen Versuch einer Verbindung über die verschiedenen Eckpfeiler inklusiver Pädagogik und Disability Studies nimmt Hinz (2008) vor und kommt dabei zu dem Schluss, dass besondere Gemeinsamkeiten von inklusiver Pädagogik und Disability Studies „im Hinblick auf das Verständnis, dass Behinderung eine soziale/kulturelle Konstruktion darstellt", zu erkennen sind, darüber hinaus, dass beide sich „durch eine Verankerung in sozialen Bewegungen begründeten", damit überparteilich sind und sie schließlich gemeinsam „massive Kritik an tradierten Selbstverständnissen und nach wie vor bestehenden theoretischen Orientierungen der Sonderpädagogik" üben (Hinz 2008). So darf sich das hier anschließende Kapitel der Pionierarbeit erfreuen, einen kleinen, marginalen Beitrag zur Schließung einer interdisziplinären Lücke innerhalb der Sonderpädagogik zu leisten.

Ihren Anfang im deutschsprachigen Raum machen die Disability Studies mit dem Erscheinen eines kleinen Büchleins mit dem pragmatischen Titel „Nichts über uns ohne uns". Erklärtes Ziel des Buches ist dabei die Inklusion, die beschrieben wird als „gesellschaftliche Teilhabe aller Menschen mit Behinderungen" (Hermes 2006, 15). Ihren historischen Ursprung nehmen die Disability Studies in der Independent Living Bewegung – auf deren Erkenntnisse sich das soziale Modell von Behinderung zurückführen lässt – die in den 1960er Jahren steigenden Einfluss auf die Gesetzgebung nehmen konnte (Miles-Paul 2006, 32).

Disability Studies sehen sich in eben jenem sozialen Modell von Behinderung verwurzelt und nehmen dies als den Ausgangspunkt ihrer Forschungsdisziplin (Dannenbeck 2007, 116; Waldschmidt 2007b, 57). Demnach wird Behinderung – in strikter Abgrenzung vom medizinischen Modell[85] als das Produkt gesellschaftlicher

---

85 Das medizinische Model erklärt „Behinderung" zum Hauptmerkmal von Menschen mit Behinderungen und drängt diese unter Entzug von Urteils-, Handlungs- und Entscheidungsfähigkeit an den gesellschaftlichen Rand (Hermes 2006, 17). Schönwiese

Unterdrückung[86] und exklusiver Machtverhältnisse[87] gesehen (Schillmeier 2007, 79f), aus denen heraus es zu einer Selbstbegrenzung von Gesellschaft kommt (Hermes 2006, 20), die erst den *Möglichkeitsraum* (Feuser 2009) dafür geschaffen haben, dass Kategorien wie Behinderungen gesellschaftlich akzeptiert werden und die – um überwunden werden zu können – zu erkunden sind (Waldschmidt 2010, 15). Nicht das Individuum oder dessen biologisches oder physiologisches Sein ist behindert (Dannenbeck 2007, 104). Anne Waldschmidt legt dar, dass ein dringender Perspektivenwechsel auf das Phänomen Behinderung vonnöten sei und stellt dabei fest, „[i]m Grunde ist Behinderung nicht die Ausnahme, die es zu korrigieren gilt, sondern die Regel, die in vielfältigen Erscheinungsweisen zunächst einfach zu akzeptieren wäre" (Waldschmidt 2007a, 10). So verstehen sich Disability Studies als eine interdisziplinäre Forschungseinrichtung, um die Kluft zwischen sozial- und kulturwissenschaftlichen Ansätzen im Diskurs um das Thema Behinderung zu überwinden (ebd. 12). „Kerngedanke ist, dass die Ebene der Beeinträchtigung im Sinne von klinisch relevanter Auffälligkeit von derjenigen der Behinderung im Sinne sozialer Benachteiligung deutlich zu trennen ist" (Waldschmidt 2010, 17). Auch sind sie darum bemüht die klassische Sichtweise der Forschung zu invertieren, indem die ehemaligen Forschungsobjekte als emanzipierte Subjekte auf ihre eigene Biographie zurückblicken und ihre eigenen Erfahrungen kritisch analysieren (Schillmeier 2007, 80; Waldschmidt 2007b, 64). „Durch die Disability Studies bekamen die behinderten Menschen[sic!] ihre eigene(n) Stimme(n) im wissenschaftlichen und gesellschaftspolitischen Diskurs zurück" (Schillmeier 2007, 81)[88].

Den theoretischen Ursprung der Disability Studies kann man auf zwei philosophische Stränge zurückführen, die marxistisch-materialistische Orientierung, wie sie vor allem bei den britischen Autorinnen und Autoren zu finden ist und auf eine differenztheroretisch-kulturelle Ausrichtung, die in den Vereinigten Staaten vorherrschend ist (Dannenbeck 2007, 104, Hermes 2006, 23f; vgl. auch Bösl 2010, 30ff).

---

stellt dahingehend fest, dass diese Trennung des Körpers mit Behinderung von der Instanz des Geistigen zurückzuführen sei auf die cartesianische Wende.

86   Unterdrückung einer Minderheit kann nur geschehen, indem eine Majorität die Macht erlangt eine Minorität mit einem Stigma zu belegen – dies geschieht in der Regel, um die Überlegenheit der Machtträger zu demonstrieren und zu konservieren (Benz/Widmann 2007, 38).

87   Maschke führt hierzu quer zur vertikalen (materiellen-) Ungleichheit Behinderung gleichbedeutend mit Geschlecht, Alter oder ethnischer Zugehörigkeit als Form horizontaler Ungleichheitein ein (Maschke 2007, 299).

88   Wie dies etwa bei der Begriffsfindung aussehen kann, stellt Prins (2010, 140ff) anhand eines Berichts über ein Treffen von Menschen mit Psychiatrieerfahrungen dar.

Disability Studies sehen den Menschen nicht nur in seinem alltäglich sozial eingebundenen Rahmen, sondern nehmen ihn – nach Definition Plessners – als Natur- und Kulturwesen in Personalunion wahr (Gugutzer/Schneider 2007, 33). So wollen Disability Studies dazu beitragen, einen „grundlagentheoretischen Blickwinkel" auf das Phänomen Behinderung zu etablieren (Waldschmidt 2010, 16). Die Forschungsrichtung lässt sich nicht einseitig darauf reduzieren *über Behinderung* zu forschen, sondern versteht sich aus ihrem Selbstverständnis heraus, dahin angelegt aufzuzeigen, wie der stigmatisierende Begriff *behindert*[89] in einer wechselwirksamen Beziehung aus Geschichte und Kultur hervorgegangen ist und welche lebenspraktischen Konsequenzen dies für das gesellschaftliche Zusammentreffen und Leben von Menschen mit und ohne Behinderungen hat (Gugutzer/Schneider 2007, 34). In diesem Rahmen werden relativer Wandel und Kontingenzen dessen, was als behindert wahrgenommen und zugeschrieben wird, beobachtet und beschrieben (Waldschmidt 2007, 55). Dass etwa Menschen mit Behinderung noch immer als von der Norm abweichend gelten und somit als Menschen zweiter Klasse kategorisiert werden, gehört zu den gesellschaftlichen Fakten, die Disability Studies aufzeigen, ein Punkt, an dem dies exemplarisch verdeutlicht wird, sind Alltagsgegenstände, die sich bei Konzeption und Konstruktion an einem Normkörper[90] orientieren. Daran anschließend wird die Frage gestellt, aus welchen Differenzen zum Normkörper[91] – in Anlehnung an die Definition Foucaults als produktiv, effizient und effektiv gilt (Waldschmidt 2007b, 61) – der als behindert bezeichnete Körper soziokulturell konstruiert wird (Guguzer/Schneider 2007, 38; 41) und wie die Folgen dieser Rückkopplung auf das Leben von Menschen mit Behinderungen in der Vergangenheit aussahen und heute aussehen (Fuchs 2010, 107).

---

89   Aus den Diversity Studies heraus findet sich für das Vorhandensein eines defizitär belegten Behinderungbegriffs die Erklärung der Notwendigkeit der Stereotypen auf Grund der begrenzten Möglichkeit des Menschen Informationen aufzunehmen und zu verarbeiten. Dies wirkt sich dann problematisch aus, wenn Vorurteile zu starren und pauschalen Zerrbildern bestimmter Personen oder Gruppen innerhalb von Gesellschaft führen (Benz/Widmann 2007, 36).
90   Dabei wird davon ausgegangen, dass der Normalkörper dem Körper ohne (diagnostizierbare) Behinderung entspricht und analog dazu der Körper mit Behinderungen oder Differenzen dem gegenüber den negativ Pol besetzt (vgl. Waldschmidt 2007b, 69).
91   Innerhalb der Disability Studies wird daran anschließend auch festgestellt, dass etwa bei der Entscheidung für oder gegen Prothesen die gesellschaftlich konstruierten ästhetischen Normen keine Rolle bei der Entscheidungsfindung spielen dürfen (Freitag 2007, 263). Allerdings wird auch hier die Haltung vertreten, dass benötigte Formen der Unterstützung und Therapie nicht in Frage zu stellen seien (Waldschmidt 2010, 15).

So kann als eines der Ziele der Disability Studies festgehalten werden, dass sie eine positive Umformulierung vom *behindert sein* über ein Verknüpfen von individuellen, kollektiven und physiologischen Erfahrungen vornehmen, um daraus ein Bild dessen beschreiben zu können, wie das *behindert werden* sich vollzieht[92], eine Frage, deren Antwort empirisch noch zu klären ist (Schillmeier 2007, 87f; 91). Darüber hinaus geht es den Disability Studies in einer eigenen Subdisziplin darum „nicht nur eine Geschichte *der* Behinderung, sondern *mit* Behinderung die allgemeine Geschichte neu zu schreiben" (Waldschmidt 2010, 17; Hervorhebungen im Original BE).

Bei ihren Vorüberlegungen gehen Disability Studies davon aus, dass Menschen, die mit körperlichen Behinderungen geboren werden, eine andere Selbstwahrnehmung haben als Menschen, die im Laufe ihrer Biographie durch Unfall oder Krankheit körperbehindert werden (Gugutzer/Schneider 2007, 46). Viele der theoretischen Vorüberlegungen gehen vom Werk Michel Foucaults aus, obgleich keine einheitliche Argumentationslinie seiner Philosophie innerhalb der Disability Studies zu erkennen wäre (Waldschmidt 2007b, 56). Im Besonderen ist hier der Anschluss an das soziale Modell von Behinderung zu erwähnen. Der Kern dieser Kritik besteht darin, dass „das soziale Modell von der Annahme [ausgeht], dass Gesellschaft und Kultur den körperlichen Auffälligkeiten bloß ihren Stempel aufdrücken, sie jedoch (…) in ihrer Substanz unberührt ließen" (Waldtschmidt 2007b, 58). Weiterhin stellen die Disability Studies fest, dass es im Anschluss eines sozialen Modells von Behinderung auch einer „sozialen Theorie der Praxis von Behinderung" bedarf (Schillmeier 2007, 82).

Die Forschungsansätze der Disability Studies verstehen sich selbst als transdisziplinär und ergänzen etwa medizinisch beschreibbare Merkmale von Behinderungen und Beeinträchtigungen mit individuell erfahrenen Symptomen und Syndromen (Freitag 2007, 260f). Darum muss innerhalb der Disability Studies von der Prämisse ausgegangen werden, einen epistemologischen Bruch (Klein 2010) anzuerkennen und wissenschaftliche Beschreibungen konstruktivistisch zu verstehen (ebd. 46). Aus diesem Selbstverständnis heraus ist es wichtig, dass Menschen mit Behinderungen als Experten in eigener Sache beschreiben, was sie als Ausgrenzung wahrnehmen und verstehen und welche Bedingungen sie im Gegenzug selbst als notwendig erachten, um mit einem selbstbestimmten Leben

---

92 So stellt Schmuhl als ein Resultat einer qualitativ historischen Studie „[z]ur Geschichte des Begriffs Behinderung" fest, dass der Begriffswandel eine notwendige, aber für sich isoliert gesehen noch keine hinreichende Bedingung war, um politischen und sozialen Wandel herbeizuführen (Schmuhl 2010, 93; vgl. auch Rohrmann 2006, 41ff).

volle Teilhabe innerhalb der Gesellschaft erleben zu können (Hermes 2006, 25). Dies konkretisiert Eckhard Rohrmann indem er feststellt, dass Menschen, um Forschung zu betreiben, nicht Wissenschaftler sein müssen und dass Forschung somit „keineswegs das alleinige Privileg von Wissenschaftlerinnen und Wissenschaftlern ist" (Rohrmann, E. 2006a, 156).

Der Mensch wird nicht als isoliertes Einzelwesen gesehen und stellt als solcher auch nicht das Forschungsobjekt von Disability Studies dar. Vielmehr verstehen sich Disability Studies als ein Forschungsansatz, der versucht die Gesellschaft, innerhalb derer sie ihren Beitrag leistet, zu verstehen (Gugutzer/ Schneider 2007, 47). Dies ist der Erfahrung geschuldet, dass Menschen innerhalb der Gesellschaft nie außerhalb eines gemeinsamen Aktions- und Wahrnehmungsraums (Altenschmidt/Kotsch 2007, 226) interagieren. Dabei wird der Neoliberalismus in die Waagschale geworfen und darauf verwiesen, dass hierin die Chance gesehen wird, ein flexibleres Bild von (körperlicher) Normalität zu installieren (Waldschmidt 2007b, 69).

Wenn über eine inklusive Pädagogik ausgesagt wird, dass diese eine in den Disability Studies vertretene sozialwissenschaftlichen Perspektive auf das Phänomen Behinderung nicht in vollem Maß erwidert – obgleich sie sich selbst als hoch politisch versteht, und in dem Maß, indem sie auf die Exklusion von Menschen mit Behinderungen in der bestehenden Gesellschaft aufmerksam macht (Schillmeier 2007, 82), können Disability Studies dennoch als ein Mittel verstanden werden, das Ausmaß an gelebter Demokratie wachsen zu lassen. Und genau wie inklusive Pädagogik den Wandel von einem integrativen Modell und letztlich einer nicht inkludierenden Gesellschaft weg hin zur Inklusion erreichen will, so ist dies auch erklärtes Ziel der Disability Studies, sie verstehen ihr Handeln aus einer „Inklusionsperspektive heraus" (Dannenbeck 2007, 111). Es kann weiterhin festgehalten werden, dass ein besonderes Augenmerk dem Bildungsniveau von Kindern und Jugendlichen gewidmet wird, da dieses (immer noch) eine der entscheidenden Grundlagen für materielle Partizipation innerhalb moderner, kapitalistischer Gesellschaften und somit für Teilhabe allgemein eine zentrale Rolle spielt[93] (Wansing 2007, 281).

---

[93] An dieser Stelle tritt ein Desiderat der Disability Studies zutage, nämlich die Frage welche Haltung gegenüber dem Neoliberalismus – der nach Theunissen der Nährboden für das Vorhandensein einer „Ego-Gesellschaft" darstellt (Theunissen 2010, 52) – einzunehmen ist, der auf der einen Seite die Möglichkeit bietet Normen flexibler zu gestalten, doch auf der anderen Seite „ökonomische Eigenlogik" (Wansing 2007, 283) an den Tag legt und Exklusion fördert. Menschen, die Fehler machen, oder Leistungsversagen an den gezeigt haben, werden in unserer Gesellschaft als wenig nützlich und zu umsorgt wahrgenommen (vgl. Soltauer Initiative 2010, 164ff). Ein nicht inklusiver

Beide, inklusive Pädagogik sowie auch Disability Studies, sind in ihrer Arbeit darum bemüht, individuelle Stärken von Schülerinnen und Schülern aufzuzeigen und eine Aufklärungsarbeit darin zu leisten, dass die Wahrnehmung von Menschen mit und ohne Behinderungen an einigen Stellen ihres alltäglichen Lebens verschieden ist[94] (Saerberg 2007, 206). Zu den Parallelen gehört weiterhin die Feststellung, dass Menschen mit Behinderungen im Besonderen auf Netzwerke angewiesen sind. Dieser sozialräumliche Bedarf wird anhand von Erhebungen durch die Disability Studies bestätigt (vgl. Wansing 2007, 284; vgl. auch Wunder 2007, 28).

Ebenso wird gemeinsam herausgestellt, dass es dem Menschenrecht auf Bildung zuwiderläuft, wenn junge Menschen mit Behinderungen in segregierenden Einrichtungen unterrichtet werden und somit Exklusion erfahren (Powell 2007, 325). Eines der bedeutendsten, gesetzten und durch die BRK juristisch legitimierten Anliegen der Inklusion liegt darin, Menschenrechte zu verwirklichen und somit allen die volle Teilhabe und Partizipation in der Mitte der Gesellschaft zu ermöglichen (Löb-Hüdepohl 2010, 16). Wirksame Inklusion kann nur da gelingen, wo „Isolation, Einsamkeit und Unaufmerksamkeit" überwunden werden (Wunder 2010, 35).

So wie eine inklusive Pädagogik darlegt, dass Behinderung im schulischen Kontext mit der hierarchischen Gliederung des Systems Schule in Verbindung steht (Lindmeier, Ch. 2011, 212) kommt man auch vom Standpunkt der Disability Studies zu dem Schluss, dass in diesem sich verselbstständigten institutionellen Netz eines der wesentlichen Merkmale für schulische Behinderungen liegt und dieses einen weitaus größeren Einfluss auf schulischen Erfolg und Misserfolg hat, als dies etwa durch einen Erklärungsansatz über eine heterogene Lerngruppe nachgewiesen werden könne (Powell 2007, 338). So stellt Prengel im Anschluss an die Inklusionspädagogik unter dem Namen „Pädagogik der Vielfalt" (freilich

---

Arbeitsmarkt führt zu einer prekären Beschäftigungssituation (vgl. dazu Prins 2010, 142f) und somit zu einem geringeren materiellen Lebensstandard von Menschen mit Behinderungen (Wansing 2007, 283), und letztendlich noch immer zu einer höheren Wahrscheinlichkeit, dass sich diese materielle Situation in der Familienbiographie selbst reproduktiv wiederholt. Verstärkt wird dieser Effekt überall, wo noch eine medizinische Sicht von Behinderung vorherrscht – Benachteiligung erklärt sich demnach als „unabänderliche Folge persönlicher Defizite" (Hermes 2006, 17).

94 Verschiedenheit muss an dieser Stelle im Sinn der Diversety Studies verstanden werden, die herausgearbeitet haben, dass Diversität als gesellschaftlicher Tatbestand existiert, und dennoch „nicht einfach als gegeben genommen werden kann" (Fuchs 2007, 17, Hervorhebungen im Original BE).

ohne den Begriff Inklusion explizit zu erwähnen) fest, dass eben jene heterogenen Lerngruppen als geeignetstes Mittel erscheinen, um allen Kindern „ohne Ausnahme das gleiche Recht auf einen Zugang zur Bildung" zu ermöglichen – dabei stellt sie fest, dass Egalität und Diversity einander bedingen[95] (Prengel 2007, 52).

6. Schnittmengen und Desiderate inklusiver (Schul-) Pädagogik und Demokratiepädagogik

Das bisher dargelegte deutet darauf hin, dass erhebliche Synergien zwischen inklusiver Pädagogik und Demokratiepädagogik vorhanden sind. Und dennoch stellt Miriam Sonntag fest, dass bislang „keine interdisziplinäre Verknüpfung zwischen der erziehungswissenschaftlichen Diskussion um Inklusion und der fachbezogenen Demokratiepädagogik" vorhanden seien (Sonntag 2010, 220). Umgekehrt gibt es innerhalb des sonderpädagogischen Diskurses einige Hinweise darauf, dass demokratiepädagogische Überlegungen Teile inklusiver Pädagogik bereits darstellen. So legte Deppe-Wolfinger im Jahr 2004 einen Beitrag vor, in dem sie darlegt, dass Demokratisierung im deutschen Bildungssektor enorm langsam voranschreitet, und dass ein solches Voranschreiten sich auf inklusive Strukturen zu stützen habe, wenn es von Erfolg gekrönt sein will (Deppe-Wolfinger 2004, 20; 33). Dies würde aber voraussetzen, dass aus der Inklusionspädagogik stammende Überlegungen sich in der Demokratiepädagogik wiederfinden müssten. Bei dem breit angelegten BLK Projekt „Demokratie lernen & leben" werden die zehn teilnehmenden Förderschulen (die allesamt dem Förderschwerpunkt Lernen angehören) in den Vorüberlegungen nicht erwähnt. In der derzeit nicht mehr verfügbaren Schuldatenbank konnte jedoch eingesehen werden, was der Abschlussbericht offen zutage legt, dass mit zehn Förderschulen rund 6,5% der teilnehmenden Schulen nicht aus dem Kreis der Regelschulen stammten (vgl. Abs/Roczen/Klieme, 20). Doch legt der Abschlussbericht auch dar, dass ein sehr reduziertes Verständnis des Begriffs Inklusion herangezogen wird, indem Inklusion einseitig auf Wertschätzung beschränkt wird (vgl. ebd. 44; 48). Eine nachträgliche Verknüpfung des genannten Projekts versucht Edelstein vorzunehmen, obgleich auch er Inklusion

---

95 Zugleich muss Prengel aber auch eingestehen, dass jede institutionalisierte Form von Pädagogik durch die Diversität der Kinder auf der einen und die räumlichen sowie personalen Möglichkeiten der jeweiligen Institution auf der anderen Seite begrenzt sei (a.a.O. 61).

nicht vollständig in die Demokratiepädagogik implementiert, sondern sie auf den Bereich der sozialen Inklusion reduziert (vgl. Edelstein 2007, 9; 16). So kann also aus der Perspektive der Demokratiepädagogik festgehalten werden, dass Inklusion derzeit sowohl als Begriff als auch als Konzept eine marginale Rolle spielt.

Umgekehrt findet auch das Konzept der Demokratiepädagogik nur eine untergeordnete Rezeption innerhalb der auf Inklusion gegründeten Pädagogik. Neben dem von Sonntag angesprochenen Beitrag finden sich hinweise bei Bürli et. al. Dort stellt Stein heraus, dass in unserer Gesellschaft zunehmend Entfremdung zu beobachten sei und ein Wandel hin zu inklusiven Strukturen, eine wachsende Demokratisierung verstärke (Bürli et. al. 2009, 304f) und somit Entfremdung stoppen kann. Ebenso finden sich in dem von Boban und Hinz übertragenen Index für Inklusion keine Hinweise auf ein umfängliches Vorhandensein von demokratiepädagogischen Ansätzen. Demokratisches Handeln wird demnach auf nicht hierarchisches Handeln im Umgang mit Schülerinnen und Schülern reduziert (Boban/Hinz 2003, 3). Sehr konkret formuliert Hans Wocken, dass „Inklusion heute ein völkerrechtlich und innerstaatlich verbindliches Gebot" ist und somit „bindende Verpflichtung für ein demokratisches Schulwesen" (Wokken 2009, 216) hat.

Trotz dieser eher wenigen gemeinsamen Inhalte und Verknüpfungen, lassen sich bei genauerem Hinschauen dennoch einige Verbindungslinien feststellen, die einen Ansatz darstellen können, um eine inklusive, demokratische Pädagogik zu begründen. Diese Schnittmengen sollen im Folgenden herausgestellt werden.

Eine bislang wenig erforschte Schnittmenge findet sich in dem demokratiepädagogischen Konzept John Deweys. Kersten Reich deutet in einem bislang wenig beachteten Aufsatz darauf hin, dass Deweys Konzept der Demokratie „auf den Grundprinzipien der Unterschiedlichkeit innerhalb und zwischen *communities* in einer *society*" (Reich 2008, 36, Hervorhebungen im Original BE) aufbaut. Diese Ausgangsthese überträgt Reich weiter auf das Phänomen Behinderung und stellt fest: „Ein Umgang mit Behinderungen gelingt dort leichter, wo von Individuen eine Anerkennung von Vielfalt und Unterschiedlichkeit entwickelt wird." (ebd.) Ebenso stellt er im Umkehrschluss heraus, dass Abkapselung einzelner Gruppen der demokratischen Entwicklung entgegenstehen (ebd. 37), um schließlich zu dem Punkt zu gelangen, an dem er mit Dewey postuliert: „Eine Demokratie muss sich Unterschiedlichkeit leisten können und wollen, wenn sie die Grundgedanken der Demokratie selbst ernst nehmen will." (ebd. 39) Mit kritischem Blick auf die Entwicklung der Inklusionsdebatte innerhalb der Sonderpädagogik stellt Reich weiterhin fest, dass es dort versäumt wurde die Brücke zwischen inklusiver und demokratischer Pädagogik zu schlagen (ebd. 46).

Ein weiterer Anknüpfungspunkt findet sich über die Disability Studies. Schillmeier knüpft an den Erfahrungsbegriff John Deweys an, den er konstruktivistisch auslegt und aus dieser Position dann schlussfolgert, dass Erfahrung eine konsequente, apriorische Trennung zwischen der physischen und der idealen Welt in sich berge. Über das Erfahren von Kultur ergibt sich für ihn aus dem Diskurs der Disability Studies, dass die Natur von Behinderung „als Ergebnis innergesellschaftlicher Strukturen und Prozesse" zu erklären sei (Schillmeier 2007, 84f). Aus dieser Grundannahme kommt er dann zu der Überzeugung, dass das Phänomen Behinderung als „Erfahrung und Ereignis" zu sehen sei (ebd. 93). Von dieser Position aus kehrt er zurück zu den Disability Studies und stellt die finale Verbindung zwischen diesen und der Epistemologie Deweys her, „dass Dinge um ihrer selbst willen untersucht werden sollen, um herauszufinden, was enthüllt wird, wenn sie erfahren werden" (ebd. 94). Kehren wir nun zu der Ausgangsfeststellung zurück, Demokratiepädagogik und inklusive Pädagogik seien zwei kaum miteinander in Verbindung gebrachte Felder, kann nun über den Umweg der Disability Studies als Grundlage ein Ansatz inklusiver Demokratiepädagogik erkannt werden. Interessant hierbei ist die Rolle Deweys innerhalb dieses Geflechts. So bildet er das Fundament der Überlegungen Reichs und Schillmeiers und scheint auch einen prägenden Einfluss auf die Thesen Sonntags genommen zu haben, was deutlich wird, wenn sie herausstellt: „Demokratie als Lebensform stellt einen Wert dar, der nur durch ihre Erfahrung ausgebildet werden kann. Insofern kann kein demokratischer Habitus entstehen, wird Demokratie nicht aktiv gelebt[96]" (Sonntag 2010, 225). Somit lässt sich festhalten, dass eine auf Disability Studies gegründete inklusive und demokratische Pädagogik sich an der Erziehungsphilosophie John Deweys orientieren kann. Ein Punkt, den es in Erinnerung zu rufen gilt, wenn abschließend ein Bild von demokratischer Schule als Erfahrungsraum inklusiver Pädagogik gezeichnet werden soll.

Einen interessant klingenden Hinweis für eine Verbindung zwischen inklusiver Pädagogik und demokratischer Pädagogik liefert Claudia Niedermair (vgl. Bürli et. al. 2009). Sie erinnert daran, dass man von (schulischer) Inklusion spricht, „wenn von allem Anfang an keinerlei Trennungen erfolgen, wenn auf Kategorisierungen und Etikettierungen (…) grundsätzlich verzichtet wird". Da dies – so

---

[96] Interessant ist, dass Dewey in der angehängten Literaturliste nicht zu finden ist, da an diesem Punkt Deweys weiter oben bereits aufgeführte Definition von Demokratie „Demokratie ist mehr als eine Regierungsform; sie ist in erster Linie eine Form des Zusammenlebens, der gemeinsamen und miteinander geteilten Erfahrung" (Dewey 2004, 121) sinngemäß übernommen wird.

Niedermair weiter in erster Linie eine Frage der gegebenen Rahmenbedingungen und Schulorganisation sei, stellt sie ihre kurze Frage zur Inklusion voraus, ob Hartmut von Hentigs Postulat des Neudenkens der Schule bedeute, dass Schulsysteme inklusiv werden sollten (vgl. Bürli et. al. 2009, 298). Ein Blick in die Schriften von Hentigs deutet darauf hin, dass einige seiner pädagogischen Ansätze einer inklusiven Pädagogik zuträglich sein könnten. So stellt von Hentig in Anlehnung an Rousseau[97] fest, dass der Mensch prinzipiell schwach geboren wird und der Pädagogik bedarf (Hentig 2003, 183). Weiterhin stellt er fest, dass eine neu gedachte Schule – im Sinne der Demokratiepädagogik – eine *polis* sein sollte, die eine Erziehung zur Politik ermögliche (Hentig 1987, 50ff; Hentig 2003, 189; 191), da Schule, wie er an anderer Stelle betont, die einzige gesellschaftliche Institution sei, die dazu in der Lage sei Schülern die demokratische Republik im Kleinen erfahrbar zu machen (Hentig 2004, 126). Darum schließt von Hentig im Sinne der Inklusion weiter an, dass es eine nicht gegliederte Schule für alle[98] geben solle, die gemeinsame Maßstäbe vermittele und im gleichen Zug auf jede Form der Sortierung – im Sinne einer Selektion – verzichte (ebd. 141) und, dass wir lernen „müssen, um in Freiheit zu leben, gesellschaftliche Ungleichheit soweit wie irgend möglich auf[zu]heben und umgekehrt, persönliche Unterschiede wahr[zu]nehmen [und zu] bejahen" (Hentig 2003, 220). Interessant erscheint auch von Hentigs Definition von Humanisierung, die mit der Reform der Schule einhergehen soll. Unter Humanisierung versteht er die „Parteinahme für den Menschen" (Hentig 1987, 13) und folglich unter einer humanen Schule „in erster Linie eine Schule, die die in ihr lebenden und lernenden Menschen achtet" (ebd. 74).

Es ist also zu erkennen, dass bedeutende Schnittmengen zwischen inklusiver Pädagogik und demokratischer Pädagogik vorhanden sind. Auf der anderen Seite wird zugleich deutlich, dass beide sich unabhängig voneinander entwickeln. Beide, inklusive Pädagogik, sowie Demokratiepädagogik, können voneinander profitieren und Synergien nutzen. Disability Studies können hierzu beitragen und

---

97 In Bezug auf Rousseau erscheint besonders interessant, dass dieser einen grundlegenden Diversity-Ansatz in seiner Anthropologie vertritt, aus dem heraus Gesellschaft überhaupt erst dadurch ermöglicht wird, dass Menschen von Grund auf verschieden sind (vgl. Rousseau 1962, 38ff).

98 Von Hentigs Gegenvorschlag stellt die Gesamtschule dar, in der er „in erster Linie „die Verneinung des bestehenden dreigliedrigen Schulsystems" sieht (Hentig 1987, 11), in der er schon vor mehr als zwei Dekaden erkennt, was Inklusionspädagogik heute fordert, nämlich eine Schule, „die jedem Kind zur Erfüllung seiner Möglichkeiten verhelfen will und für die das Maßnehmen an den Leistungen anderer oder einem abstrakten Standard sinnlos ist" (ebd., 47).

eine wichtige Grundlage bilden, indem sie im – wo nötig auch kritischen – Diskurs der so entstandenen inklusiven Demokratiepädagogik aufzeigen, welche Prozesse vorhanden sind bzw. konstruiert werden, aus denen heraus Disability konstruiert wird (vgl. Bösl/Klein Waldschmidt 2010, 8) und welche Einflüsse diese auf kulturelle sowie soziologische Entwicklungen innerhalb der Gesellschaft nehmen. Im Folgenden wird der Versuch unternommen, aus dem Nebeneinander von inklusiver Pädagogik und Demokratiepädagogik ein Miteinander auf Grundlage der Gemeinsamkeiten und durch den dialogischen Austausch mit den Disability Studies aufzuzeigen.

7. Die demokratische Schule als Erfahrungsraum von inklusiver Pädagogik

Wenn demokratische Schule als Erfahrungsraum von inklusiver Pädagogik beschrieben wird, ist das Teil des Prozesses, der sich an die Ratifizierung der BRK anzuschließen hat und entsprechend dem dort aufgeführten Art. 4 zu verlaufen hat – ein Prozess, der einen langen Zeitraum für sich beanspruchen wird (Kallehauge 2009, 202, vgl. Wocken 2010, 176), insbesondere für Deutschland, wo Reformen im Bildungs- und Erziehungswesen nur zäh voranschreiten. Im Anschluss an den Zweiten Weltkrieg schloss sich in Deutschland eine Re-Education an, die auf eine radikale Reform des Erziehungswesen setzte, gegründet auf die Überlegung Deweys, dass die Umwelt, die eine Gesellschaft umgibt, die darin lebenden Menschen präge. Um jedoch einer Kontroverse zwischen absehbaren Regierungsparteien und den treibenden amerikanischen Reformatoren vorzubeugen, wurde ab 1948 dieser Schritt gestoppt (vgl. Himmelmann 2004, 3; Lange-Quassowski 1979, 72f; 93f). Spätestens mit der Ratifizierung der Convention on the rights of persons with disabilities bot sich eine neuerliche Möglichkeit das Bildungssystem zu überdenken und im Sinne inklusiver, demokratischer Pädagogik neu zu gestalten, um dem geforderten „inklusiven Bildungssystem auf allen Ebenen[99]" zu entsprechen[100]. In ihren Reden, die Politikerinnen und Politiker aller Fraktionen 2008 zur Abstimmung eingereicht hatten, betonten diese die mangelnde Berücksichtigung des inklusiven Bildungssystems sowohl im Gesetzesentwurf als auch in der dem

---

99 „States Parties shall ensure an inclusive education system at all levels" (Art 24, 1).
100 Besondere Betonung muss hier noch einmal darauf gelegt werden, dass nicht eine inklusive Beschulung gefordert ist, sondern explizit von einem Bildungssystem gesprochen wird (vgl. Lindmeier, B. 2009, 405).

selbigen angehängten Denkschrift[101]. Als Symptomatisch für die Reformresistenz des deutschen Bildungssystems (vgl. Tolmein 2009, 17) kann gelten, dass keine der eingereichten Reden gehalten wurde und die Abstimmung über die Ratifizierung erfolgte – genau wie die Ablehnung eines Änderungsantrages – in Fließbandarbeit (vgl. Deutscher Bundestag 2008, 20855). Dies legt nahe, dass eine inklusive Ethik von Nöten ist, um einen grundlegenden Gesinnungswandel entstehen zu lassen.

Aus einer solchen Ethik würde hervorgehen, dass eine völlig neue Perspektive im Hinblick auf Bildung eingenommen werden müsste. Bildung muss dann neuerlich in einem umfassenderen Sinn gesehen werden, was zur Folge hätte, dass die radikale Trennung innerhalb der Pädagogik zwischen Bildung und Erziehung überwunden werden müsste. Exemplarisch kann hier das Konzept von Hentigs angeführt werden, das diese Trennung zu überwinden scheint (vgl. Hentig 1996 71ff; 2003, 178ff). Bildung in diesem Sinne braucht ein Umfeld, das sie fördert und willkommen heißt, die Kinder „als Träger eigener Rechte" und „als Subjekt[e] (...) eigenen Lebens" behandelt (Lindmeier, Ch. 2011, 206). So kann mit Dewey – und dessen Bildungssystem – geschlussfolgert werden, dass in eben jenem Rückkoppeln von Erziehung und Bildung aneinander, die einzig nachhaltige Möglichkeit liegt eine Gesellschaft im Geiste der Demokratie von Grund auf zu erneuern (vgl. Dewey 1975, 93).

Wenn sich also Schule – oder konkreter gesagt – das Bildungssystem ändern muss, bedarf es Indikatoren, die den Wandel reflektieren. Ein solcher Indikator kann der Index für Inklusion sein, der für Einzelschulen ein Reflexionssystem entwickelt hat (Boban/Hinz 2003, 26ff). Was für den Wandel eines kompletten Systems aber von mindestens gleichrangiger Bedeutung sein muss, sind die verfügbaren und zugewiesenen Ressourcen – zumal in einer kapitalistischen Gesellschaft. Denn unzureichend ausgestattete Schulen können keine Alternativen zu dem bestehenden Schulsystem bilden (Feyerer 2011, o.S.; Jacobs 2011, 131; Lindmeier, Ch. 2011, 214; Mahnke 2011, o.S.; Schuhmann 2009, o.S.; Wocken 2010a, 169). Hier warnt Wocken völlig richtig vor der Gefahr einer sich einschleichenden Stigmatisierung zum Erwerb von Budgets (Wocken 2009, 218). Daher müssen sämtliche vorhandenen „Ressourcen an die inklusive Schule transferiert" werden (Wocken 2010a, 176). Da es zu den erklärten Zielen eines inklusiven Schulsystems gehört eine allgemeine Schule für alle Kinder und Jugendlichen zu schaffen (Köpcke-Duttler 2009, o.S.; Lelgemann 2010a, 261; Wocken 2009, 219), spricht an dieser Stelle nichts dagegen Schulzentren – nebst inkludierten Förderzentren – anzustreben, um

---

101 Vgl. Deutscher Bundestag 2008, 20958ff.

dieses Problem zu umgehen. Schon alleine die Umbaumaßnahmen[102] entsprechend dem geforderten *universal Design* (vgl. Art. 4, f), würden eine solche chancenvolle Maßnahme rechtfertigen. Lelgemann legt einen umfangreichen Plan vor, wie die Architektur der Gebäude solcher Schulzentren aussehen könnte (Lelgemann 2010a, 254). Zu ergänzen wäre nur, dass, wenn aus räumlichen Gründen nicht um eine mehrstöckige Bauweise herumgekommen wird, sämtliche Etagen zumindest ebenerdige Notausgänge in ausreichender Zahl aufweisen müssten – eine allzu oft vergessene Komponente barrierefreien Zugangs. Zum Überwinden von Barrieren kann auch gezählt werden, dass eine blendfreie Beleuchtung in den Klassensälen vorhanden ist, Beschriftungen kontrastreich und in Braille vorhanden sind und Bodenindikatoren installiert sind (Jacobs 2011, 133). Doch gehen diese Maßnahmen nicht alleine aus inklusionspädagogischen Überlegungen hervor. So betont auch Dewey, wie bedeutend Schulgebäude – die er als erweitertes Zuhause der Kinder ansieht (Dewey 1976, 23f), sind. Er legt auch einen stark schematisierten Entwurf seiner Vorstellung eines idealen Schulgebäudes vor (ebd. 49). Ebenso betont von Hentig, dass Schule nicht einfach ein Gebäude sein darf, sondern dass sie ein „Lebensraum" für Schülerinnen und Schüler werden muss, in dem diese als gleichwertige und gleichberechtigte (Füssel 2004, 6) Menschen ihre Schulzeit leben (Hentig 2003, 215f).

Einen Makel, den Demokratiepädagogen immer wieder betonen, ist, dass Unterricht zwar *über* Demokratie angeboten wird, jedoch wenig Demokratie *im* Unterricht herrscht (Hartnuß/Maykus 2006, 6; Himmelmann 2004, 6,9; Schirp 2004, 5), was jedoch dringend nötig wäre, um Demokratie wirklich erfahrbar zu machen (Füssel 2004, 6), da sie sonst genauso gut scheitern kann (Himmelmann 2004, 13). So wird betont, dass es im Kern von demokratischer Pädagogik darum geht Normen und Werte, die innerhalb einer demokratischen Gesellschaft geteilt werden, in der Schule erfahrbar zu machen (Edelstein/Fauser 2001, 84). Dies kann direkt zurückgeführt werden auf John Dewey, der herausarbeitet, dass es logisch sei, dass innerhalb der Schule kein anderer Wertekanon Gültigkeit besitzen könne als außerhalb[103] (Dewey 1975a, 54). Ein Punkt aus dem heraus Demokratie erfahren werden kann, ist Mitverantwortung der Schülerinnen und Schüler für

---

102 So geht etwa aus einem Positionspapier des Bundesverbandes evangelische Behindertenhilfe (BeB) hervor, dass dieser „bei weiteren baulichen Maßnahmen" zukünftig darauf achte, „dass die Gebäude barrierefrei sind" (BeB 2009, 37).
103 „It is quite clear, that there cannot be two sets of ethical principles, or two forms of ethical theory, one for life in the school and another for life outside of the school" (Dewey 1975a, 54).

schulische aber auch für unterrichtliche Belange (vgl. Federolf 2011, 327; 331). Der Kern des Ansatzes von Alexander S. Neill bestand darin, dass in Summerhill eine demokratische Selbstregierung durch die Schülerinnen und Schüler herrschte (vgl. Neill 1971, 38f; 1973, 12; 2004, 60ff; 2005, 27ff). Jedoch, „[e]s gibt keine besondere Lehrmethoden" in Summerhill und „der Unterricht [ist] eher als ziemlich traditionell zu bezeichnen" (Appelton 2000, 104). Und auch Neill selbst misst dem Unterricht und den darin angewandten Methoden als solchen keine besondere Bedeutung bei (Neill 1971, 72; 2004, 23). Vielmehr trennt Neill die Erziehung und Bildung zugunsten der Erziehung (Neill 2004, 24), um aus ihr heraus positive politische Beeinflussung zu erzielen (Neill 1973, 34). Folgt man aber Wockens *Haus der Vielfalt,* ist Unterricht neben den Schülern und den Pädagogen eine der drei tragenden Säulen (vgl. Wocken 2010b, 205). Aufgabe des Unterrichts in der inklusiven Schule ist es nach Hans Wocken, durch ein ganzheitliches Unterrichtskonzept eine allgemeine Bildung[104] zu erzielen, diese muss „demokratisch gedacht werden" (ebd. 207). Eine solche Wiedervereinigung von Bildung und Erziehung zu einer inklusiven Pädagogik innerhalb der demokratischen Schule wird geprägt sein von verstärkter innerer Differenzierung und sich auszeichnen durch offene Lernformen, die den jeweiligen Kindern gerecht werden. Inklusive, demokratische Pädagogik anerkennt die individuellen Leistungen aller Schüler und unterstützt diese dabei, ihre eigene Leistung selbst einschätzen zu lernen – auch durch die Zuhilfenahme alternativer Leistungsbeurteilungen (Feyerer 2011, o.S; Lindmeier, Ch. 2011, 215). Was würde nun eine Verbindung von inklusiver Unterrichtsgestaltung und demokratischer Erziehungskonzeption, wie sie Neill entworfen hat, ergeben? Eine solchermaßen gestaltete Schule würde nicht nur dazu führen, dass Schüler volle Teilhabe und volle Mitbestimmung innerhalb der Gestaltung von Regeln des täglichen Miteinander im Schulleben hätten, sondern auch in Sachen der Mitsprache um die Unterrichtsgestaltung und Unterrichtsinhalte. Es stellt sich die Frage, ob eine innere Differenzierung, wie sie eine inklusive Schule verlangt, noch auf das traditionelle System von Klassen setzen sollte oder ob diese gar hinderlich bei der Realisierung von Inklusion sind[105]. Neills Erziehungsideal

---

104 Wocken betont aber, dass diese Allgemeinbildung nicht „als ein bestimmter Kanon von Inhalten zu verstehen" ist (Wocken 2010, 207).
105 John Dewey stellt in einer bislang wenig beachteten Schrift fest, dass Schule als Institution einen gemeinschaftlichen Geist besitzen muss und diese muss – angelehnt an die Familie – so nahe wie möglich an dieses Familiengefühl anknüpfen, um Kindern und Jugendlichen ein zuhause zu bieten. Eine der Kraftquellen dafür sieht Dewey in Diversität („realized through diversity of powers"). Weiter führt er in Anlehnung an die Forderung von Vielfalt an, dass Schüler verschiedener Altersstufen, Fähigkeiten,

konsequent auf inklusive Bildung angewandt würde bedeuten, Schüler zu lehren, das, was für sie von Relevanz ist selbst zu lernen, „um die Werkzeuge zu haben, nach denen ihre Originalität und ihre Genialität verlangen" (Neill 2004, 43). Sicherlich wären im Sinne einer inklusiven demokratischen Pädagogik Elemente der Selbstbestimmung einzuführen, die dafür sorgen, dass keine vollkommene Beliebigkeit eintritt.

Doch darf sich auch eine solche demokratische Schule nicht vor der Außenwelt verschließen. Abgesehen von der Forderung, die sich aus Inklusion und Demokratiepädagogik ergeben, dass Schule auch mit potentiellen Arbeitgebern zu interagieren hat und Deweys Feststellung, dass Schule zutiefst eine sozialisierende Funktion übernimmt, muss sich gerade an dieser Stelle erneut das sozial begründete Modell von Behinderung vor Augen geführt werden und die Frage zugelassen werden: Welche Elemente und Strukturen innerhalb einer demokratischen Schule, die Inklusion erfahrbar machen will, behindern Schülerinnen und Schüler? Denn nach dem angenommenen Modell ist „die Natur von Behinderung als Ergebnis" eben jener Strukturen zu sehen (Schillmeier 2007, 84). Da hierfür die Ursache in der Interaktion mit der Umgebung zu suchen ist (Dannenbeck 2007, 105) und auch Nationen durch selektive Inklusion und Exklusion entstanden sind (Benz/Widmann 2007, 42), wäre es utopisch anzunehmen die reine Existenz demokratischer Schulzentren, die sich vorbehaltlos der Inklusion verpflichten, würden *gelebte Inklusion* als Selbstläufer gebären. Immerhin lässt sich im Bezug auf moderne Gesellschaften festhalten: Sie „erzeugt Behinderung durch einen spezifischen Mechanismus der Verknüpfung von Individuum und Gesellschaft" (Wansing 2007, 291). Hier kommt erneut zum Tragen, warum eine inklusive Pädagogik – auch innerhalb demokratischer Schulen – auf Disability Studies als Grundlagenwissenschaft angewiesen ist. Sie zeigen auf, wo innerhalb eben jener hier skizzierten Schule Benachteiligungen auftreten, denen nicht entgegengewirkt wird (Powell 2007, 323). Disability Studies werden innerhalb eines inklusiven Schulsystems gebraucht, um aufzuzeigen, wo noch immer eine „Begrenzung der Gesellschaftsstruktur" – also Behinderung innerhalb jenes Systems – vorliegt (Hermes 2006, 20). Da Inklusion nicht statisch betrachtet werden kann, sondern ständig hinterfragt werden muss,

---

Abstammung, Sozialschichten etc. zusammenzubringen seien (Dewey 1975c, 224f; vgl. auch Dewey 1975b, 87; 1975d, 244ff). Um nun unter diesem Hintergrund innerhalb der inklusiven Schule Demokratie – im Sinne Deweys – erlebbar zu machen, würde dies nahelegen kleine, auch altersheterogene Gruppen als schulischen Familienersatz zu bilden innerhalb derer bestimmte feste Rituale wie etwa gemeinsames Essen, Beratschlagen, Lernen etc. stattfinden könnten.

ob sie noch die generellen Möglichkeiten bietet allen Schülerinnen und Schülern volle Teilhabe zu gewährleisten (Steinhart 2006, 98), müssen die Disability Studies – kongruent zu einem Index für Inklusion von innen – als externes Mittel dienen demokratische Schule auf dem richtigen Weg zu halten, Inklusion erfahrbar zu machen. Denn: Nicht jeder Ansatz, der für sich in Anspruch nimmt sich mit dem Prädikat *inklusiv* zu schmücken, orientiert sich an einem Inklusionskonzept, das von Beginn an „alle Menschen mit ihrer jeweiligen Individualität gleichberechtigt und gleichwertig" inkludiert (Häcker 2009a, 6). Wenn sich etwa das Bayrische Staatsministerium für Unterricht und Kultus (KM Bayern) damit brüstet „[e]inzelne Schülerinnen und Schüler mit sonderpädagogischem Förderbedarf können *die allgemeine* Schule besuchen" und sich Staatsminister (freilich ohne pädagogische Ausbildung) äußern[106], dass der bayrische Weg „jungen Menschen mit Behinderungen am besten gerecht [werde]. Denn er ermöglicht einen passgenauen Umgang mit sehr unterschiedlichen Bedürfnissen der Kinder und Jugendlichen" (KM Bayern 2011, 6f), dann wird sehr deutlich, warum Inklusion auch innerhalb demokratischer Schulen auf externe Korrektur angewiesen ist. Realisierte schulische Inklusion geht weit über die Integration einzelner Schülerinnen und Schüler hinaus. „Dem Konzept der Inklusion liegt der Gedanke der vorbehaltlosen und nicht weiter an Bedingungen geknüpfte Einbezogenheit und Zugehörigkeit Aller in der Gesellschaft zu Grunde" (Wunder 2006, 25). Wenn eine Entscheidung gegen einen gemeinsamen Unterricht getroffen werden muss, dann kann diese nur die Ausnahme sein – die gut zu begründen ist – und lediglich die Fortführung einer „dem Kind verpflichteten Pädagogik in einem noch nicht inklusiven Schulsystem" (Feyerer 2011, o.S.) darstellen kann. Eine Utopie eines solchen Schulsystems soll im Folgenden vorgestellt werden.

8. Eine pädagogische Utopie als Gedankenexperiment

Oskar Negt beendet seine Abhandlung „Der politische Mensch. Demokratie als Lebensform" mit der Feststellung: „Nur noch die Utopien sind realistisch" (2010, 560). Negt greift dies in einer eigens dem Thema gewidmeten Veröffentlichung erneut auf und definiert Utopien dort als

> *entscheidende Kraftquellen jeder Emanzipationsbewegung. Sie entspringen einer massiven Verneinung, meist der Empörung über Zustände, die als unerträglich empfunden werden. (...) Sie eröffnen den Blick auf eine vernünftige Welt und ein gerechtes*

---

106 Vgl. Feuser 2012, 493.

Gemeinwesen. Wo Utopien geschichtlich wirksam werden, sind in ihrem anfänglichen Nirgendwo (dem sprichwörtlichen ου-τοπος) die Hoffnung und das Ziel einer Schicksalswende angelegt, für die zu kämpfen sinnvoll ist. (Negt 2012, 13).

In diesem Selbstverständnis soll die folgende Utopie gesehen werden, als eine Kraftquelle deren Hoffnung darin besteht ihren Beitrag im Kampf gegen das bestehende Schulwesen zu leisten und somit einen kleinen Schritt zu wagen, um eine inklusive Schulbildung zu ermöglichen. Eine Schule die sich selbst als Erfahrungsraum für Demokratie sieht und ihr Selbstverständnis in einem stets fortlaufenden Prozess im Rückgriff auf Disability Studies neu zu bestimmen weiß. Da viele der Gedanken, die hier vorgetragen werden noch den Charakter einer losen Ansammlung tragen, wird das Gedankenexperiment benutzt, um – überwiegend aus den bestehenden Umständen heraus – zu einer Utopie zu gelangen, wie Schule aussehen könnte, wenn wir dies als Gesellschaft wirklich wollten.

Eine Utopie der Schule kann jedoch nicht losgelöst von den historischen Entwicklungen und den entsprechenden Schultheorien betrachtet werden. Sie sollte, wie von Hentig bereits gefordert hat einen vordefinierten Zeitrahmen enthalten und darf dennoch, ja muss sogar, darauf hinzielen das System Schule als Ganzes reformieren zu wollen (vgl. Herrmann 2012, 299). So kann auch Feuser[107] verstanden werden, der postuliert, das ein Bildungssystem, das sich den Prinzipien der Inklusion verpflichtet fühlt, nicht um den „Umbau des Regelschulsystems" herumkomme (Feuser 2012, 496). Mit von Hentig nehmen wir also an, dass 15 Jahre ein angemessener Zeitrahmen sind (Hentig 2003, 181). Auch kann es nicht gelingen Inklusion in Schulen umzusetzen, ohne dies zugleich als gesellschaftlichen Wertmaßstab zu etablieren (Wocken 2010a, 177; vgl. Speck 2010, 67ff; 125f). Ein solches System bereits mit der Re-Education zu etablieren scheiterte nicht zuletzt an den politischen Parteien, die sich – im Falle der SPD – zunächst auf eine wirtschaftliche Demokratisierung, bzw. im Falle der christlichen Unionsparteien auf eine überholte Kulturperspektive konzentrierten. Dieser auf die Kulturperspektive gerichtete Fokus machte es sich zur Aufgabe, das dreigliedrige (bzw. viergliedrige) Schulsystem, samt dessen Inhalte, aus dem 19. in das 20.

---

107 Auch wenn an dieser Stelle mit Feuser konform gegangen wird, kann seine Haltung, sämtliche Förderzentren, die als separierende und segregierende Bildungseinrichtungen bezeichnet werden (Feuser 2012, 496) und somit eine grundlegende Tendenz in der Haltung Feusers zu sein scheint, der bereits früher forderte, dass jegliche Curricula, die sich auf individuelle Primärbehinderungen beziehen und somit nicht als für alle Schüler gemeinsam angesehen werden können, abzulehnen seien (Feuser 1995, S. 200), nicht geteilt werden.

hinüberretten zu wollen (Lange-Quassowski 1979, 82f; Tillmann 1993, 12). Mangelnde Reformen im Erziehungs- und Bildungssystem der Bundesrepublik beschreiben ein Problem, das schon früh erkannt und bennant wurde, wobei in der Tat in den frühen Kritiken nicht ausreichende demokratische Strukturen des gegliederten Schulsystems sowie nicht reformierte Lehrpläne im Zentrum früher Kritik standen (vgl. Sander/Rolff/Winkler 1971, 37). Hieran schließt der nächste Kritikpunkt an, bei dem bis heute keine wirklich elementare Veränderung eingetreten ist: Die soziale Schere spiegelt sich ungefiltert im gegliederten Schulsystem wider, das somit zu einer sich selbst erneuernden Quelle sozialer Ungleichheit wird (vgl. Helbig/Gresch 2013; 2; 4f; Sander/RolffWinkler 1971, 41ff). Hier gilt es mit von Hentig zu argumentieren, der feststellt, dass Schule und Gesellschaft in einem interdependenten Verhältnis zueinander bestehen und „erst die Kinder, die eine veränderte Schule erlebt haben, als Erwachsene mit Selbstverständlichkeit verändert betreiben können" (Hentig 1987, 20). Hartmut von Hentig sieht die Gesamtschule[108] als Voraussetzung, um dieses Problem lösen zu können (Hentig 1968, 11). Eine Forderung, die, wie bereits dargelegt wurde, hier geteilt wird.

Mit ihren Differenzierungsmaßnahmen, so wird hier angenommen, bietet die Gesamtschule einen idealen Ausgangspunkt zur Schaffung einer Schule der Inklusion. Hier stellt wiederum Wocken sehr deutlich fest, dass es bei einer Schule nicht darum gehen kann eine gleiche Schulbildung für alle Schüler anzustreben, es aber dennoch wünschenswert sei, einen gemeinsamen Nenner, den er mit „allgemeiner Bildung" beschreibt, zu haben, um nicht in den Fatalismus einer absoluten Beliebigkeit zu verfallen (Wocken 2010b, 207). Und dennoch gilt es den Spagat zu bewältigen, in einer Gruppe von Schülern nicht *eine* homogene Gruppe zu sehen und zu lehren, sondern vielmehr jeden Schüler als eigenes Individuum mit seinen je eigenen Lernvoraussetzungen wahrzunehmen und zu fördern (Müller 2012, 143). Ahrling referiert hierzu, dass es bei individuellen Lernsettings wichtig ist Schülerinnen und Schüler dabei zu unterstützen, auch die eigenen Stärken und Schwächen zu erkennen und diese gemeinsam mit ihnen, den Eltern und den unterrichtenden Lehrkräften in individuelle Fördermöglichkeiten zu transformieren (Ahlring 2012, 151). Dabei muss der individuelle Lernzuwachs am gemeinsamen, allgemeinen Lerngegenstand für jeden Lernenden zu jeder Zeit erkennbar sein (ebd. 153). Die dürfte eine echte Herausforderung bei mehr als rund 10 Mio. Teilnehmerinnen und Teilnehmern am allgemeinbildenden Schulwesen darstellen (vgl. Autorengruppe Bildungsberichterstattung 2012, 39). Freilich ist eine solche

---

108 Nach Ansicht Powells (2007, 327) kann die Gesamtschule als inklusionsförderndes Schulmodell gesehen werden.

Aufgabe nicht ohne finanzielle Umstrukturierung zu bewältigen. Hierbei muss allerdings beachtet werden, dass erhebliche Unterschiede in den entsprechenden Schularten zutage gefördert werden, was die pro Kopf Kosten eines einzelnen Schülers im Durchschnitt betrifft:

> *Je Schüler/-in wurden an allgemeinbildenden Schulen in freier Trägerschaft im Jahr 2009 durchschnittlich rund 7000 Euro ausgegeben, an öffentlichen allgemeinbildenden Schulen waren es 6000 Euro. Zu beachten ist, dass der Anteil ausgabenintensiver Bildungsgänge (z.B. Förderschule) bei den Schulen in freier Trägerschaft höher ist als bei öffentlichen Schulen. Bei Grundschulen (5900 Euro) und Förderschulen (15800) in freier Trägerschaft sind die Ausgaben je Schüler/-in ebenfalls höher als bei den öffentlichen Schulen. An öffentlichen Grundschulen wurden 4800 Euro und öffentlichen Förderschulen 14400 Euro im Jahr 2009 pro Schüler/-in aufgewendet. An öffentlichen Gymnasien (6200 Euro) so wie Realschulen (5100) wurden hingegen etwas mehr Mittel je Schüler/-in aufgewendet als an demselben Schultyp in freier Trägerschaft. Demnach beliefen sich die Ausgaben je Schüler/-in an Gymnasien in freier Trägerschaft auf 5900 Euro pro Kopf und an Realschulen in freier Trägerschaft auf 4900 Euro pro Kopf* (Statistisches Bundesamt 2012, 50).

Es ist augenscheinlich, dass die Ausgaben je Förderschüler den angegebenen Durchschnitt um mehr als das Doppelte übersteigen. Auf die genauen Ursachen für diese enorme Differenz wird im Bericht des Statistischen Bundesamts nicht eingegangen. Aus dem Bildungsbericht für Deutschland geht ein Hinweis hervor, den es sich lohnt an dieser Stelle kurz vor Augen zu führen. Dort heißt es:

> *Die jährlichen Ausgaben je Bildungsteilnehmerin und -teilnehmer unterscheiden sich zwischen den Bildungseinrichtungen erheblich. Während 2009 für einen Gymnasiasten im Bundesdurchschnitt rund 6.200 Euro aufgewendet wurden, entfielen auf einen Grundschüler 4.800 Euro. Bei der Interpretation ist zu beachten, dass die Ausgaben je Bildungsteilnehmerin und -teilnehmer in den einzelnen Bereichen von den jeweiligen Besoldungs- und Gehaltsstrukturen der Lehrenden, den Betreuungsrelationen, der Unterrichtsdauer, dem Betreuungsumfang sowie den Unterschieden in den Lehrverpflichtungen der Lehrkräfte und der Entwicklung der Teilnehmerzahlen beeinflusst werden* (Autorengruppe Bildungsberichterstattung 2012, 37f).

Der enorme Unterschied scheint also systemimmanent zu sein. Von den berechneten Kosten müssen dabei rund 80% der Ausgaben aufgebracht werden, um Lehrkräfte zu entlohnen (Statistisches Bundesamt 2012, 48). Was wäre nun, wenn wir uns dazu entscheiden würden unser Bildungssystem langsam, aber kontinuierlich, umzugestalten, hin zu einer inklusiven Schule? Die Kosten würden dabei wohl nicht steigen. So stellt Rosenberger fest, dass ein solcher Unterricht auf lange Sicht aus rein monetärer Perspektive insgesamt sogar günstiger sei, als ein mehrgliedriges Schulsystem. Umbaumaßnahmen hin zu barrierefreien Schulen, die anfangs wohl zu einer minimalen Kostensteigerung führen würden, spielen immerhin in einer längerfristigen Perspektive keine ausschlaggebende Rolle mehr (Rosenberger 1999, 189). Abgesehen von den monetären Vorteilen, die sich für das Bildungswesen aus dieser Umstrukturierung ergeben würden, ist der gesellschaftliche Mehrwert nicht zu verachten. Ein solcher Prozess ist aus Perspektive der Disability Studies, neben den gängigen politischen und akademischen Strukturen, zu begleiten mit einer Kommission aus Lehrkräften, Schülern und Eltern und zwar gleichermaßen solchen mit und ohne Behinderungen. Denn nur aus dem gleichberechtigten Diskurs heraus, kann eine Schule entstehen, die schon räumlich in der Lage ist die Bedürfnisse aller abzudecken. Der Konflikt zwischen vorgefundener räumlicher Realität und herangetragener Erwartung und das dadurch entstehende B*ehindert werden* kann so reduziert werden. Schließlich muss sich vor Augen geführt werden, wie Schülerinnen und Schüler behindert werden. „In den Disabilty Studies findet folglich selbst jene praktische und theoretische Auseinandersetzung über die Konstitution gesellschaftlicher Wirklichkeit statt, die sie zum Gegenstand haben" (Weisser 2007, 250).

Neben der finanziellen Umstrukturierung, die ein solches Schulsystem mit sich bringen würde, müsste natürlich auch über eine unterrichtliche Neuordnung der Schule diskutiert werden. Wenn oben schon herausgestellt wurde, dass ein inklusives, demokratisches Schulsystem sich mehr auf innere Differenzierung und somit individualisierte Lernziele konzentrieren müsste, dann wäre es nur ein logischer Zwischenschritt die Unterrichtsgestaltung zu öffnen – zumal wenn es wirklich darum gehen soll Schule zu einem Erfahrungsraum demokratischer Pädagogik werden zu lassen. Folgen wir hier wieder Dewey, so stellen wir Folgendes fest, nämlich, dass Unterricht beim Kind, seinen Begabungen, seinen Interessen zu beginnen und die individuellen Grenzen des Kindes zu berücksichtigen hat. Im Sinne des *Empowerment* müssen Schülerinnen und Schüler darin bestärkt werden ihre individuellen Fähigkeiten zum Einsatz zu bringen, und es muss der konsequente Schritt gegangen werden ihnen die Kontrolle über sich selbst und über ihr Lernen, zuzugestehen. Darin liegt – Dewey folgend – der Schlüssel zur Vorbereitung auf das Leben außerhalb der Schule (Dewey 1972b, 86). Lerngegenstände dürfen demgemäß nicht mehr ein Selbstzweck sein, die nur um eines in der Zukunft liegenden Ziels willen zu behandeln sind. Schule darf kein Ort sein, an dem lediglich von Lehrern vorselektierte Informationen zu lernen sind und zwar gemäß den Wünschen des Lehrers entsprechend. Ein solcher Unterricht ist wenig nützlich und zielt vorbei an der Lebenswirklichkeit des Kindes, die sich aus dessen Erfahrungen konstruiert (ebd. 88).

Ich glaube, dass wir die Natur des Kindes vergewaltigen und das Erreichen der bestmöglichen ethischen Ergebnisse erschweren, wenn wir das Kind zu abrupt mit einem ganzen Haufen nicht zusammenhängender Kurse in Lesen, Schreiben, Erdkunde, usw. konfrontieren, die in keinem Verhältnis zu seiner sozialen Wirklichkeit stehen. Ich glaube, dass die wahre Schnittmenge innerhalb derer sich die einzelnen Schulfächer vereinen nicht in den Naturwissenschaften begründet ist, nicht im Literaturunterricht, auch nicht in Geschichte oder Geographie, sondern in den sozialen Aktivitäten des Kindes. (...) Ich glaube, die einzige Möglichkeit dem Kind sein kulturelles Erbe bewusst zu machen, besteht darin es in die Lage zu versetzen, jene grundlegenden Tätigkeiten auszuüben, die aus unserer Zivilisation das machen was sie ist. Darum glaube ich, liegt jene wahre Schnittmenge in den ausdrucksstarken oder konstruktiven Tätigkeiten. Ich glaube, damit erhalten Kochen, Nähen, Handarbeit, usw. ihrer Berechtigung als Unterrichtsgegenstände[109] (ebd., 89f).

An anderer Stelle führt Dewey dies expliziter aus. Den Lehrplan den er konzipert, gründet er auf den Bereichen Haushalt, Werken (Holzarbeiten), Kochen (Nahrung) und Nähen (Kleidung). Dieses Curriculum, so ist es vorgesehen, führt Sprachunterricht, Naturwissenschaften, Mathematik, Geschichte aber auch Künste auf eine natürliche Art miteinander in enge Verbindung bringt. Gleichzeitig soll sich das daraus resultierende Curriculum jedes einzelne Kind mit seinen Nöten, Bedürfnissen, Stärken im Blick haben, um ihm die Möglichkeit zu bieten seine Fähigkeiten individuell zum Ausdruck bringen zu können (vgl. Dewey 1975c, 232ff). Deweys Anliegen ist es dabei, vom kindlichen Interesse auszugehen, um dann über Spiel und Arbeit dem Kind zu vermitteln, „wie man bestimmte Dinge tut, erlebt" (Apel 1974, S. 126). Aus heutiger Perspektive erscheint es angebracht dies um einen fünften Punkt zu erweitern. Dieser sollte mit Kommunikation benannt werden und den Schülerinnen und Schülern dabei helfen sich in einer zunehmend digitalisierten Welt zu orientieren und daran zu partizipieren (vgl. Risse 164f; 168f). Weiterhin sollte angedacht werden, das *service learning* als direkte Verbindung von Schule und Gesellschaft einzubinden, da diese sowieso in enger Verbindung und

---

[109] *I believe that we violate the child's nature and render difficult the best ethical results, by introducing the child too abruptly to a number of special studies, of reading, writing, geography, etc., out of relation to this social life. I believe, therefore, that the true centre of correlation of the school subjects is not science, nor literature, nor history, nor geography, but the child's own activities. (...) I believe, that the only way to make the child conscious of his social heritage is to enable him to perform those fundamental types of activity which make civilization what it is. I believe therefore, in the so called expressive or constructive activities as the centre of correlation. I believe that this gives the standard for the place of cooking, sewing, manual training, etc., in the school (a. a. O).*

wechselseitiger Kommunikation stehen, wie etwa Sliwka aus dem Werk Deweys herausliest (Sliwka, 2004, 5; vgl auch Sandermann 2006). Dieser Punkt bietet zugleich die Möglichkeit, auf vier von Dewey vorgeschlagene Punkte zurückzukehren, die folglich Hauswirtschaftslehre, Werken, Kommunikation und service learning wären und aus denen heraus sich das Curriculum zu bilden hätte[110].

Die Unterrichtsgegenstände, die nach Deweys Annahme die Basis schulischer Bildung darstellen sollten, greift von Hentig auf, um sein Verständnis von Bildung daran auszurichten. Demnach stellt Bildung, wie sie als Aufgabe an Schule herangetragen wird, ein dreidimensionales Konstrukt dar aus persönlicher Bildung, nach der das Individuum von sich aus hinstrebt, praktischer Bildung, als jene Fähigkeiten und Fertigkeiten, die es braucht, um in der aktuellen Lebenswelt das Leben zu bestreiten[111] sowie politischer Bildung, die das gesellschaftliche Miteinander nicht nur reguliert, sondern erst ermöglicht (Hentig 2003, V26f). Daraus ergibt sich, die an der Laborschule in Bielefeld, die sich – neben dem Elternhaus und der Natur – als dritten Lebensraum in der kindlichen Biographie sieht, folgende Gliederung des Unterrichtsstoffes vorzufinden ist:

In den Jahrgängen 0 (Vorschuljahr) bis 2 gibt es Gegenstandseinteilung; der Tag und die Woche sind nach Lebens- und Lernformen gegliedert; Schreiben, Lesen und der Umgang mit Zahlen sind bei jeder Gelegenheit, die diese Künste fordern und zuläßt dran; sie gehören zu dem, was man hier tut und braucht (...). In den folgenden Jahrgängen wird dieser Lebensraum in fünf Erfahrungsbereiche eingeteilt, die folgende Namen tragen: (1) der Umgang mit Menschen, (2) der Umgang mit Sachen – beobachtend, messend, experimentierend, (3) der Umgang mit Sachen – spielend, gestaltend, erfindend, (4) der Umgang mit dem eigenen Körper und (5) der Umgang mit Gesprochenem, Geschriebenem und Gedachtem, der sich aus technischen Gründen bald in den Erfahrungsbereich Sprache und den Erfahrungsbereich Mathematik aufgeteilt hat (Hentig 1996, 168).

Die unterrichtspraktische Konsequenz hieraus wäre es etwa mit Schülern individuelle Lernziele festzulegen sowie Zwischenschritte hin auf dem Weg diese zu

---

110 Ein vollkommener Verzicht auf das Nähen in der Hauswirtschaftslehre und was damit zusammenhängt, sollte dennoch nicht stattfinden. So stellt von Hentig Fest, „die Kinder der technischen Zivilisationsgesellschaft [geben sich] damit zufrieden, daß Fabriken diese seltsamen Dinge schon irgendwie zustande bringen" (Hentig 2005, 209). Der Prozess dahinter jedoch geht bei eienm solchen Denken verloren.

111 Hier darf von Hentig allerdings nicht in einem allgemeinen Sinn gelesen werden, Lebensfähigkeit als die Fähigkeit einen Beruf auszuüben und dann eine Familie zu ernähren. Ihm geht es vielmehr dies damit zu verbinden die je einzelne Person als solche auch immer zeitgleich zu stärken (vgl. Hentig 1996, 162f).

erreichen. Diese Schritte – und auch die Ziele – sind in ihrer Komplexität unterschiedlich zu gestalten. Haben wir uns allerdings an Wocken orientiert, der herausstellte, dass dennoch eine allgemeine Bildung anzustreben sei (Wocken 2011, 207), ziehen wir daraus den Rückschluss, dass zumindest überwiegend der gleiche Lerngegenstand zu behandeln sei, obschon dies nicht impliziert, dass dieselben Lernziele damit anzustreben sind. Hier folgen wir dem Gedanken Herrrmanns, der aus einem demokratischen Grundsatz heraus argumentiert, dass Schülerinnen und Schüler mit unterschiedlichen Lernvoraussetzungen je individuelle Formen vorfinden müssen, an denen sie lernen und sich bewähren können. „Gleichheit bedeutet, das Ungleiches ungleich behandelt werden muss" (Herrmann 2012, 302).

Somit gelangt die hier angedachte Utopie zur inklusiven Gesamtschule (Jennessen/Wagner 2012). An dieser würden dann heterogene Gruppen teils an gemeinsamen Inhalten arbeiten. Sie bietet trotzdem den Raum eines differenzierten Unterrichtens innerhalb einer Lerngruppe, die auch in der Lage sein kann in einzelnen Situationen individuelle Lernsettings zu schaffen (ebd. 341), mit dem Ziel bestmögliche Förderung zu bieten. Dies scheint in Schulklassen, wie sie das aktuelle Schulsystem kennt, nicht unter der Voraussetzung permanenter Inklusion möglich zu sein. Darum sollte die relativ homogene Schulklasse, wie wir sie heute vorfinden, durch eine heterogene Stammgruppe (vgl. Hentig 2011) als Ausgangsbasis des gemeinsamen Lernens ersetzt werden. „Diese Gruppe ist das Bindeglied zwischen unterschiedlichen Lernsituationen und therapeutischen Unterstützungsangeboten" (Jennessen/Wagner 2012, 341). Zeitgleich wird die inklusive Gesamtschule aber auch ein Ort sein müssen, an dem Schülerinnen und Schülern die Möglichkeit geboten wird, besondere und herausragende Begabungen zu entfalten und zu verfolgen (Wocken 2010a, 175).

Herauszustellen, dass die derzeitige Lehrerbildung einem solchen Schulsystem nicht gerecht werden kann, ist obsolet. Auch sie gilt es zu überdenken, was jedoch an dieser Stelle nicht der Gegenstand sein soll.

Reflektierender Ausblick

Inklusion – so die einhellige Meinung innerhalb der Sonderpädagogik – muss als Antwort auf die Convention on the rights of persons with disabilitys folgen. Für den Bereich der Schule hat diese Konzeption von Inklusion zur Folge, dass das in der BRK garantierte Recht auf Bildung (Art. 24) „im gegenwärtigen 4-gliedrigen Schulsystem von Gymnasium, Realschule, Haupt- und Förderschulen nicht konventionskonform einzulösen [ist]" (Lindmeier, Ch. 2011, 212; vgl. auch Wocken 2009, 219). Das oben angeführte Beispiel eines Staatsministers (vgl. KM Bayern 2011), aber auch die Verwendung des Begriffs der Inklusion wie er im Abschlussbericht des BLK Programms „Demokratie lernen & leben" hervorgeht (vgl. Abs/Roczen/Klieme 2007), lassen erkennen, dass das Verständnis von Inklusion, wie es die Sonderpädagogik vertritt, noch nicht im Diskurs um Inklusion in anderen pädagogischen Disziplinen angekommen zu sein scheint. Hier ist es nun an der Sonderpädagogik, in den offenen Dialog zu treten und die interdisziplinären Erkenntnisse, die nicht zuletzt den Disability Studies zu schulden sind, in der allgemeinen Pädagogik zu platzieren. Inklusive Pädagogik wird verstanden als ein pädagogisches Konzept, das es innerhalb der Schule allen Schülern ermöglicht gemeinsam, voneinander, miteinander und gleichberechtigt zu lernen – unabhängig individueller Persönlichkeitsmerkmale. Um diese Sichtweise von Inklusion im allgemeinen Diskurs zu manifestieren, scheint innerhalb der wissenschaftlichen Sonderpädagogik ein Gesinnungswechsel notwendig zu sein. Die Sonderpädagogik muss beginnen sich als Teil einer umfassenden, allgemeinen Pädagogik zu verstehen und ihn diesem Rahmen ihren Beitrag zum wissenschaftlichen Diskurs leisten – die sonderpädagogische Leistung wird sich wandeln müssen „weg von der unmittelbaren Arbeit mit den Kindern hin auf das Umfeld der Kinder (Wocken 2010a, 175).

Eine Möglichkeit diesen Beitrag zu leisten findet sich in der Demokratiepädagogik. Von ihrer grundlegenden Konzeption ist diese darauf angelegt, eine Pädagogik für alle an der Gesellschaft partizipierenden Schülerinnen und Schüler, die als solche zugleich potentielle Bürger sind, zu sein. *Sie* sind es, an die die gesellschaftlichen Errungenschaften weiterzugeben sind (vgl. Dewey 2005, 7). Die pädagogischen Ansätze nach John Dewey, Alexander Sutherland Neill, Hartmut von Hentig und der Bund-Länder-Kommission sprechen sich für eine Öffnung der Lernkultur aus und sehen darin zum einen die Grundlage für den Fortbestand demokratischen Gemeinwesens und zum anderen die Möglichkeit Demokratie von der Basis her zu stärken. Entscheidendes Merkmal sämtlicher demokratiepädagogischer Ansätze ist die konsequente Partizipation der Kinder und Jugendlichen innerhalb des Demokratielernens (vgl. Dewey 1975b, 1976; Füssel 2004; Hartnuß/ Maykus 2006; Hentig 1987; 2003; Himmelmann 2004; Neill 1971; 2004; 2005; Schirp 2004; Reinhardt 2004).

Das sowohl eine demokratische als auch eine der Inklusion verpflichtete Pädagogik als gleichberechtigte Partner besonders geeignet erscheinen, um einen gemeinsamen Schritt in den allgemeinen pädagogischen Diskurs zu unternehmen, lassen die dargelegten Schnittmengen von inklusiver Pädagogik und Demokratiepädagogik deutlich erkennen. So postulieren nicht nur verschiedene Autoren – aus dem Lager der Sonderpädagogik – die Notwendigkeit eines inklusiven Schulsystems für eine gelingende Demokratie (Sonntag 2010; Wocken 2009, 216). Besonders die Ansätze von John Dewey und Hartmut von Hentig scheinen hier kompatibel zu sein. Unter Anerkennung des tragenden Einfluss, den Deweys Erziehungsphilosophie auf das BRK Projekt Demokratie lernen & leben genommen hat (vgl. Edelstein/Fauser 2001, 78; Himmelmann 2005, 26), liegt die Vermutung nahe, dass im Besonderen auch hier gewinnbringende Gemeinsamkeiten zu finden sind.

Über eine kurze historische Untersuchung wurde herausgestellt, dass Demokratie auf eine Ethik angewiesen ist. Als probates Mittel, um die Ethik innerhalb des demokratisch regierten Volkes zu etablieren, wird die Pädagogik vorgeschlagen. Dies wurde bestätigt durch Himmelmann (2005) sowie Schirp (2004). Auch im Bereich der Sonderpädagogik wird betont, dass „[e]thische Fragestellungen ein grundsätzlicher Bestandteil körperbehindertenpädagogischer Forschung sein [sollten]. Und zwar (…) als eigenständiges Forschungsthema einer Disziplin" (Jennessen 2008, 36). Als zentrales Element einer Ethik, die sich sowohl der Inklusion als auch der Demokratie verpflichtet fühlt, wurde der Begriff der Menschenwürde herausgearbeitet, als Fundament einer inklusiven Trias (Wocken 2011) und somit der Inklusion selbst.

Besondere Beachtung wurde der erfahrenen Inklusion innerhalb einer demokratischen Schule gewidmet. Die vorliegende Untersuchung kommt zu dem Ergebnis, dass als Konsequenz das bestehende Bildungssystem zu einem der Inklusion verpflichteten und nach demokratischen Methoden aufgebauten System umzubauen sei. Zentrale Punkte dabei sind, dass eine solche Schule Vielfalt unter der Schülerschaft zulassen und positiv für sich nutzen sollte. Weiterhin ist es wichtig, dass sowohl Schüler als auch Lehrer, pädagogische Fachkräfte, Therapeuten etc. innerhalb der Schule eine Atmosphäre der Toleranz und gegenseitigen Akzeptanz leben, dass man sich auf einer Stufe begegnet, die den jeweils anderen als gleichwertig anerkennt und willkommen heißt. Dies zeigt, wie sehr eine inklusive Ethik und eine demokratische Schule, die Inklusion erfahrbar machen soll, miteinander verzahnt sein sollten, da sie sich in einem Verhältnis der Interdependenz zu befinden scheinen. Wenn nun im Rückgriff auf Dewey festgehalten werden kann, dass eine demokratische Gesellschaft eines demokratisch organisierten Schulwesens bedarf, da sie eine Form des Zusammenlebens ist, das aufgrund gemeinsamer und geteilter Erfahrungen besteht (vgl. Dewey 2005, 92f), dann kann – in Anlehnung an Hans Wocken – festgehalten werden, dass eine inklusive demokratische Gesellschaft den stützenden Rahmen für ein entsprechendes Schulsystem bieten muss (Wocken 2010a, 177), diese aber muss zugleich – mit Montesquieu geschlossen – aus einem inklusiven demokratischen Schulsystem hervortreten.

Daraus ergeben sich einige Anschlüsse, die es sich zu klären lohnt. So stellt ein für die inklusive Praxis von sehr hoher Relevanz scheinende Punkt die Frage wie und wann ein inklusives Schulsystem auf der Grundlage demokratischer Pädagogik zu erreichen sei. Es müssten sowohl strukturelle Fragen, wie die Möglichkeit von Neu und Umgestaltung von Schulzentren wie auch, welche finanziellen Ressourcen dafür aufzuwenden seien, geklärt werden. Zu klären sind auch die sich ergebenden Konsequenzen für die Aus- und Weiterbildung von pädagogischem Fachpersonal. Aus Artikel 8 der BRK geht hervor, dass dies sofort zu geschehen habe. Die Forschungsmeinung ist sich darin einig, dass dies nur in einem Prozess zu erreichen sei. Für derlei Reformprozesse wird vorgeschlagen eine Zeitspanne von 15 Jahren nicht zu überschreiten (von Hentig 2003, 181). Dieser Prozess wäre empirisch zu begleiten und – durch Disability und Diversity Studies – immer wieder kritisch zu prüfen.

Weiterhin drängt sich im Anschluss daran die Frage auf, welches Curriculum dem oben skizzierten Schulsystem entsprechend angebracht sei. Hieran schließt auch die Frage an, ob ein bestehendes System von gezielt selektierenden Privatschulen mit einem inklusiv- demokratischen Schulwesen zu vereinbaren ist.

Neben diesen Fragen stellt sich die Frage einer Reformation der Lehrerbildung. Ob ein solcher Lehrer, wie ihn die inklusive Schule benötigt, ein Angestellter sein kann, der zu Beginn jeder Sommerferien um seine Weiterbeschäftigung bangen muss, oder ein auf Lebenszeit verbeamteter oder aber ob es sinnvoll ist an der inklusiven Gesamtschule Beamte auf Widerruf zu beschäftigen, kann an dieser Stelle nicht beantwortet werden. Dies herauszufinden wäre Aufgabe der empirischer Evaluationsarbeit..

Aus dem Bereich der pädagogischen Theorie drängt sich die Frage auf, welche gesellschaftlichen Werte sich aus einer inklusiven Ethik ergeben und inwieweit sich hier ein Wandel im gesellschaftlichen Bewusstsein – gemäß Artikel 8 der BRK – vollziehen muss. Aus der Ethik heraus wäre, so hat sich gezeigt, eine

Auseinandersetzung mit den Chancen und Risiken der postmodernen, neoliberalen Gesellschaft erforderlich. Zudem drängt sich aus dem Bereich der Ethik heraus eine kritische Auseinandersetzung mit dem (radikalen) Konstruktivismus auf. Sollte dieser in einem ideengeschichtlichen Zusammenhang mit dem Utilitarismus stehen, was hier nur als Vermutung angedeutet werden konnte, dann müsste sich eine kritische Sonderpädagogik dieser Schule gegenüber mit aller Wahrscheinlichkeit neu positionieren – ein Ergebnis kann aus einem interdisziplinären Forschungsvorhaben aus historischer Pädagogik, Philosophie sowie der Sonderpädagogik erwartet werden und wäre in letzter Konsequenz Artikel 10 der BRK geschuldet: „Die Vertragsstaaten bekräftigen, dass jeder Mensch ein angeborenes Recht auf Leben hat, und treffen alle erforderlichen Maßnahmen, um den wirksamen Genuss dieses Rechts durch Menschen mit Behinderungen gleichberechtigt mit anderen zu gewährleisten".

Literaturverzeichnis

Einführender Essay

Darwin, Charles: „The Origin of Species", London (1975).
Dederich, Markus: „Der Mensch als Projekt. Über die Verbesserung des Menschen und die Anthropotechniken" in: Dederich, Markus/Greving, Heinrich/Mürner, Christian/Rödler, Peter: „Heilpädagogik als Kulturwissenschaft. Menschen zwischen Medizin und Ökonomie" Gießen (2009), S. 81–101.
Eberwein, Hans: „Sonder- und Rehabilitationspädagogik – eine Pädagogik für »Behinderte« oder gegen Behinderungen? Sind Sonderschulen verfassungswidrig?" in: Eberwein, Hans/Sasse, Ada (Hrsg.): „Behindert sein oder behindert werden? Interdisziplinäre Analysen zum Behinderungsbegriff" Neuwied (1998), S. 66–96.
Flusser, Vilém: „Wonach?" in: Steffens, Andreas (Hrsg.) „Nach der Postmoderne. Ein Zeitmitschrift Buch" Düsseldorf (1992) S. 15–30.
Heiden, Hans-Günther: „Von ‚Barrierefreiheit' zum ‚Design für alle'. Eine neue Philosophie der Planung" in: Hermes, Gisela/Rohrmann, Eckhard (Hrsg.): „Nichts über uns – ohne uns! Disability Studies als neuer Ansatz emanzipatorischer und interdisziplinärer Forschung über Behinderung" Neu-Ulm (2006).
Hirdina, Karin: „Ausgrenzung oder Integration durch ästhetische Norm" in: Eberwein, Hans/Sasse, Ada (Hrsg.): „Behindert sein oder behindert werden? Interdisziplinäre Analysen zum Behinderungsbegriff" Neuwied (1998) S. 13–26.
Kalesse, Dieter: „Die Auflösung von Großeinrichtungen ist möglich! Das Beispiel Hephata Mönchengladbach" in: Helmut Schwalb/Georg Theunissen (Hrsg.): „Inklusion, Partizipation und Empowerment in der Behindertenarbeit" Stuttgart (2009) S. 43–56.
Kant, Immanuel: „Grundlegung zur Metaphysik der Sitten" Berlin (1968) in: Kants Werke. Akademie-Textausgabe. Bd. IV Berlin (1968) S. 385–463.
Krötke, Wolf: „Behinderung aus Sicht des christlichen Menschenverständnisses" in: Eberwein, Hans/Sasse, Ada (Hrsg.): „Behindert sein oder behindert werden? Interdisziplinäre Analysen zum Behinderungsbegriff" Neuwied (1998) S. 129–140.
Lesch, Walter: „Bioethik und Behinderung aus narrativer Perspektive" in: Graumann, Siegrid/Grüber, Katrin/Nicklas-Faust, Jeanne/Schmidt, Susanna/Wagner-Kern, Michael (Hrsg): „Ethik und Behinderung. Ein Perspektivenwechsel", Frankfurt a. M. (2004), S. 99–103.

Link, Jürgen: „»Irgendwo stößt die flexibelste Integration schließlich an eine Grenze« - Behinderung zwischen Normativität und Normalität" in: Graumann, Siegrid/Grüber, Katrin/Nicklas-Faust, Jeanne, Schmidt, Susanna/Wagner-Kern, Michael (Hrsg): „Ethik und Behinderung. Ein Perspektivenwechsel", Frankfurt a. M. (2004), S. 131–140.

Markowetz, Reinhard: „Freizeit im Leben von Menschen mit Behinderung" in: Jenessen, Sven (Hrsg.): „Leben geht weiter… Neue Perspektiven der sozialen Rehabilitation körperbehinderter Menschen im Lebenslauf", Weinheim (2008), S. 59–80.

Maas, Theodorus: „Die Grenzen zwischen drinnen und draußen verschwimmen! Perspektiven einer großen Einrichtung in Hamburg" in: Hinz, Andreas/Körner, Ingrid/Niehoff, Ullrich (Hrsg.): „Von der Integration zur Inklusion. Grundlagen – Perspektiven – Praxis" Marburg (2010), S. 176–186.

Marx, Karl/Engels, Friedrich: „Manifest der Kommunistischen Partei", Paderborn (2005).

Maschke, Michael: „Behinderung als Ungleichheitsphänomen – Herausforderung an Forschung und politische Praxis" in: Waldschmitdt, Anne/Schneider, Werner: „Disability Studies, Kultursoziologie und Soziologie der Behinderung. Erkundungen in einem neuen Forschungsfeld" Bielefeld (2007) S. 299–320

Opaschowski, Horst: „Freizeit und Tourismusstudien" 5 Bde. Opladen (1987ff)

Scully, Jackie Leach: „Diskriminierung, Genetik und Behinderung" in: Graumann, Siegrid/Grüber, Katrin/Nicklas-Faust, Jeanne/Schmidt, Susanna/Wagner-Kern, Michael (Hrsg): „Ethik und Behinderung. Ein Perspektivenwechsel", Frankfurt a. M. (2004), S. 47–51.

Staupe, Gisela/Zirden, Heike: „Vom Recht zur Unvollkommenheit" in: Stiftung Deutsches Hygiene-Museum und Deutsche Behindertenhilfe – Aktion Mensch ev. (Hrsg.): „Der (im-)perfekte Mensch. Vom Recht auf Unvollkommenheit" Ostfildern-Ruit (2001), S. 161–165.

Stein, Anne-Dore: „Die Bedeutung des Inklusionsgedankens – Dimensionen und Handlungsperspektiven" in: Hinz, Andreas/Körner, Ingrid/Niehoff, Ullrich (Hrsg.): „Von der Integration zur Inklusion. Grundlagen – Perspektiven – Praxis" Marburg (2010), S. 74–90.

Stemshorn, Axel (Hrsg.): „Barrierefrei. Bauen für Behinderte und für Betagte" Stuttgart (1995).

Vanja, Christina: „Vom Hospital zum betreuten Wohnen – die institutionelle Versorgung behinderter Menschen seit dem späten Mittelalter" in: Cloerkes, Günther/Kastl, Jörg Michael (Hrsg.): „Leben und Arbeiten unter erschwerten

Bedingungen. Menschen mit Behinderungen im Netz der Institutionen" Heidelberg (2007), S. 79–100.

Zeitschriftenartikel

Degener, Theresia: „Menschenrechtsschutz für behinderte Menschen. Vom Entstehen einer neuen Menschenrechtskonvention der Vereinten Nationen" in: DGVN (Hrsg.) „Vereinte Nationen – Zeitschrift für die Vereinten Nationen und ihre Sonderorganisationen. German Review of the United Nations", 54 Jg. Heft 3 (2006), S. 104–110.

Degener, Theresia: „Die UN-Behindertenrechtskonvention. Grundlage für eine inklusive Menschenrechtstheorie" in: DGVN (Hrsg.) „Vereinte Nationen – Zeitschrift für die Vereinten Nationen und ihre Sonderorganisationen. German Review of the United Nations", 58 Jg., Heft 2 (2010), S. 57–63.

Dietrich, Peter: „Beseitigung eines bislang barrierefreien Bahnsteigzugangs kein Verstoß gegen das Behindertengleichstellungsgesetz" in: Bundesvereinigung Lebenshilfe für Menschen mit geistiger Behinderung e.V. (Hrsg.): „Rechtsdienst der Lebenshilfe", ohne Jg. Heft 3 (2005) S. 106f.

Fischer, Manfred: „Rafting, Paragleiten, Tauchen, Klettern ... Abenteuerurlaub für behinderte Menschen und deren Familien rund um Schladming" in: „Behinderte Menschen. Zeitschrift für gemeinsames Leben, Lernen und Arbeiten" 30 Jg. 5 (2007) S. 87.

Matausch, Kerstin: „‚Tourismus für Alle' – eine Selbstverständlichkeit?" in: „Behinderte Menschen. Zeitschrift für gemeinsames Leben, Lernen und Arbeiten" 31. Jg. Heft 3/4 (2008) S. 91–95.

Internetressourcen

Deutsche Bahn AG: „Zugangsregelungen für Personen mit Behinderungen und Personen mit eingeschränkter Mobilität gemäß der EU-Passagierrechtsverordnung (EG)1371/2007 bei der DB Station&Service AG" Verfügbar unter: http://www.bahn.de/p/view/mdb/pv/dbregio/behinderte/MDB75188100408_zugangsregelungen_db_station_service_ag_f_r_mobilit_tseingeschr_nkte_menschen.pdf, zuletzt eingesehen: 02.09.2010.

Deutsche Bahn AG: „Mobil mit Handicap. Services für mobilitätseingeschränkte Reisende" Verfügbar unter: http://www.bahn.de/p/view/mdb/pv/dbregio/behinderte/MDB75193–mobil_mit_handicap_bf.pdf, zuletzt eingesehen: 02.09.2010.

Deutsche Bahn AG: „Programm der Deutschen Bahn AG. Juni 2005" verfügbar unter: http://www.bahn.de/p/view_nav4/mdb/pv/dbregio/behinderte/MDB14239-publikation_neu.pdf, zuletzt eingesehen: 02.09.2010.

Deutscher Bundestag: „Plenarprotokoll 16/193 - Stenografischer Bericht 193. Sitzung" Berlin, Donnerstag, den 4. Dezember 2008, Verfügbar unter: http://dipbt.bundestag.de/dip21/btp/16/16193.pdf, zuletzt eingesehen: 02.09.2010.

Vereinte Nationen: „Übereinkommen über die Rechte von Menschen mit Behinderungen", Verfügbar unter: http://www.lebenshilfe.de/wDeutsch/aus_fachlicher_sicht/downloads/unkonvention.pdf zuletzt eingesehen: 02.09.2010.

Haupttext

Abs, Hermann Josef/Roczen, Nina/Klieme, Eckhard: „Abschlussbericht zur Evaluation des BLK-Programms „Demokratie lernen und leben" Frankfurt a.M. (2007).

Ahlring, Ingrid: „Individualität fördern – Zwischen Sisyphusarbeit und Selbstverständlichkeit" in: Fitzner, Thilo/Kalb, Peter/Risse, Erika (Hrsg.): „Reformpädagogik in der Schulpraxis" Bad Heilbrunn (2012) S. 148–155.

Aland, Barbara/Aland, Kurt/Karavidopulus, Johannes/Martini, Carlo M./Metzger, Bruce M. (Hrsg.): „Novum Testamentum Graece" Stuttgart (2009).

Altenschmidt, Karsten/Kotsch, Lakshmi: „»Sind meine ersten Eier die ich koche, ja«. Zur interaktiven Konstruktion von Selbstbestimmung in der persönlichen Assistenz körperbehinderter Menschen" in: Waldschmidt, Anne/Schneider, Werner: (Hrsg.): „Disability Studies, Kultursoziologie und Soziologie der Behinderung. Erkundungen in einem neuen Forschungsfeld" Bielefeld (2007), S. 225–247.

Apel, Hans-Jürgen: „Theorie der Schule in einer demokratischen Industriegesellschaft. Rekonstruktion des Zusammenhangs von Erziehung, Gesellschaft und Politik bei John Dewey" Düsseldorf (1974).

Appelton, Mathew: „Summerhill – Kindern ihre Kindheit zurückgeben. Demokratie und Selbstregulierung in der Erziehung" Hohengehren (2000).

Aristoteles: „Über die Seele" Darmstadt (1959).

Aristoteles: „Politik" Hamburg (1995).

Aristoteles: „Nikomachische Ethik" Köln (2009).

Asch, Adrienne/Geller, Gail: „Feminsm, Bioethics and Genetics" in: Wolf, Susan M. (ed.): „Feminism & Bioethics. Beyond Reproduction" Oxford (1996) S. 318–350.

Autorengruppe Bildungsberichterstattung: „Bildung in Deutschland 2012. Ein indikatorengestützter Bericht mit einer Analyse zur kulturellen Bildung im Lebenslauf" Bielefeld (2012).

Bauman, Zygmunt: „Die Demokratie zwischen den Fronten" in: Assheuer, Thomas/Perger, Werner A. (Hrsg.): „Was wird aus der Demokratie? Opladen (2000), S. 27–33.

Baumanns, Peter: „Kants Ethik. Die Grundlehre" Würzburg (2000).

Becker, Thomas: „Vom Blick auf den deformierten Menschen zum deformierten Maßstab der Beobachter. Versuch einer Feldtheoretischen Genealogie des normalisierenden Beobachterhabitus in den Human- und Lebenswissenschaften" in: Waldschmidt, Anne/Schneider, Werner (Hrsg.): „Disability Studies, Kultursoziologie und Soziologie der Behinderung. Erkundungen in einem neuen Forschungsfeld" Bielefeld (2007), S. 151–173.

Bentham, Jeremias: „Grundsätze der Civil- und Criminalgesetzgebung" 2 Bde. Berlin (1830a+1830b).

Benz, Wolfgang/Widmann, Peter: „Langlebige Feindschaften – Vom Nutzen der Vorurteilsforschung für den Umgang mit sozialer Vielfalt" in: Krell, Gertraude/ Riedmüller, Barbara/Sieben, Barbara/Vinz, Dagmar: „Diversity Studies. Grundlagen und interdisziplinäre Ansätze" Frankfurt a.M. (2007), S. 35–48.

Bösl, Elsbeth: „Was ist Disability History? Zur Geschichte und Historiografie von Behinderung" in: Bösl, Elsbeth/Klein, Anne/Waldschmidt, Anne (Hrsg.): „Disability History. Konstruktionen von Behinderung in der Geschichte. Eine Einführung" Bielefeld (2010), S. 29–43.

Bösl, Elsbeth/Klein, Anne/Waldschmidt, Anne: „Disability History: Einleitung" in: „Bösl, Elsbeth/Klein, Anne/Waldschmidt, Anne (Hrsg.): „Disability History. Konstruktionen von Behinderung in der Geschichte. Eine Einführung" Bielefeld (2010), S. 7–10.

Brandstätter, Veronika/Frey, Dieter/Schneider, Gina: „Zivilcourage in Theorie und Training als Beitrag zu Werteverwirklichung und Demokratieverständnis. Beiträge zur Demokratiepädagogik. Eine Schriftenreihe des BLK-Programms ‚Demokratie lernen & leben' Berlin (2006).

Braun, Kathrin: „Der Mensch ist kein Produkt anderer Menschen" in: Tolmein, Oliver/Schweidler, Walter (Hrsg.): „Was den Menschen zum Menschen macht. Eine Gesprächsreihe zur Bioethik-Diskussion" Münster (2003) S. 35–48.

Bremer, Fritz: „Inklusion praktisch – was da alles drin ist" in: „Wittig-Koppe, Holger/Bremer, Fritz/Hansen, Hartwig (Hrsg.): „Teilhabe in Zeiten verschärfter Ausgrenzung? Kritische Beiträge zur Inklusionsdebatte" Neumünster (2010) S. 107–120.

Buddensiek, Friedmann: „Eudaimonie/Glück(seeligkeit) (eudaimonia)" in: Schäfer, Christian: (Hrsg.) Platon-Lexikon. Begriffswörterbuch zu Platon und der platonischen Tradition" Darmstadt (2007), S. 116–120.

Correll, Werner: „Die Anthropologie John Deweys und ihre Bedeutung für die Pädagogik" in: Hagenmaier, Theresia/Correll, Werner/van Veen-Bosse, Brigitte: „Neue Aspekte der Reformpädagogik. Studien zur Anthropologie bei Kerschensteiner, Dewey und Montessori" Heidelberg (1968).

Crouch, Colin: „Postdemokratie" Frankfurt a.M. (2008).

Dannenbeck, Clemens: „Paradigmenwechsel Disability Studies? Für eine kulturwissenschaftliche Wende im Blick auf die Soziale Arbeit mit Menschen mit besonderen Bedürfnissen" in: Waldschmidt, Anne/Schneider, Werner: (Hrsg.): „Disability Studies, Kultursoziologie und Soziologie der Behinderung. Erkundungen in einem neuen Forschungsfeld" Bielefeld (2007), S. 103–125.

Dederich, Markus: „Heilpädagogik und Disabilty Studies als Kulturwissenschaften – Umrisse eines Forschungsprogramms" in: Rathgeb, Kerstin (Hrsg.): „Disability Studies. Kritische Perspektiven für die Arbeit am Sozialen" Wiesbaden (2012), S. 91–103.

Deuser, Hermann: „Die Zehn Gebote. Kleine Einführung in die theologische Ethik" Stuttgart (2005).

Deutsche Bibelgesellschaft (Hrsg.): „Die Bibel nach Martin Luther" Stuttgart (2008).

Dewey, John: „Ethical Principles underlaying Education" in: Dewey, John: „The Early Works of John Dewey (1882–1898)" Vol. 4, Boydston, Jo Ann (ed.) London (1975a), pp. 54–83.

Dewey, John: „My pedagogic creed" in: Dewey, John: „The Early Works of John Dewey (1882–1898)" Vol. 4, Boydston, Jo Ann (ed.) London (1975b), pp. 84–95.

Dewey, John: „Plan of the organization of the University Primary School" in: Dewey, John: „The Early Works of John Dewey (1882–1898)" Vol.4, Boydston, Jo Ann (ed.) London (1975c), pp. 223–243.

Dewey, John: „A Pedagogical Experiment" in: Dewey, John: „The Early Works of John Dewey (1882–1898)" Vol. 4, Boydston, Jo Ann (ed.) London (1975a), pp. 54–83.

Dewey, John: „School and Society" in: Boydston, Jo Ann (Ed.): „The Middle Works of John Dewey 1899–1924" Vol. 1, Carbondale (1976), pp. 1–111.

Dewey, John: „Democracy and Education" in: Boydston, Jo Ann (Ed.): „The Middle Works of John Dewey 1899–1924" Vol. 9, Carbondale (2005).

Dewey John: „Demokratie und Erziehung. Ein Einleitung in die philosophische Pädagogik" Weinheim (2004).

Diehl, Sarah (Hrsg.): „Deproduktion. Schwangerschaftsabbruch im internationalen Kontext" Aschaffenburg (2007).

Diesenbergen, Clemens: „Radikal-konstruktivistische Pädagogik als problematische Konstruktion. Eine Studie zum radikalen Konstruktivismus und seiner Anwendung in der Pädagogik" Frankfurt a.M. (1998).

Dyson, Freeman, J.: „Die Sonne, das Genom und das Internet". Wissenschaftliche Innovation und die Technologien der Zukunft" Frankfurt a. M. (2000).

Edelstein, Wolfgang: „Demokratie als Praxis und Demokratie als Wert – Überlegungen zu einer demokratiepädagogisch aktiven Schule" in: Landesinstitut für Schule und Medien Berlin-Brandenburg (Hrsg.): „Ein Handbuch für Beraterinnen und Berater für Demokratiepädagogik Demokratie erfahrbar machen – demokratiepädagogische Beratung in der Schule" Berlin (2007), S. 6–17.

Edelstein, Wolfgang/Fauser, Peter: „‚Demokratie lernen und leben' Gutachten für ein Modellversuchsprogramm der BLK" Bonn (2001).

Egger, Paul: „Der Ursprung der Erziehungsziele in der Lehre von Plato, Aristoteles und Neill. Eine philosophische Orientierungshilfe in der Kulturproblematik" Bern (1989).

Endrikat, Kirtsen/Schaefer, Dagmar/Mansel, Jürgen/Heitmeyer, Wilhelm: „Soziale Desintegration. Die riskanten Folgen negativer Anerkennungsbilanzen" in: Heitmeyer, Wilhelm (Hrsg.): „Deutsche Zustände. Folge 1" Frankfurt a. M. (2002) S. 37–58.

Eisenmann, Björn: Jean-Jacques Rousseau – Der Mensch zwischen Natur und Vernunft" in: Pflüger, Niels (Hrsg.): „Basiskurs Pädagogik" Norderstedt (2008), S. 170–189.

Euklid: „Die Elemente" Frankfurt a. M. (2005).

Eurich, Johannes: „Gerechtigkeit für Menschen mit Behinderung. Ethische Reflexionen und sozialpolitische Perspektiven" Frankfurt a. M. (2008).

Feuser, Georg: „Behinderte Kinder und Jugendliche zwischen Integration und Aussonderung" Darmstadt (1995).

Flashar, Hellmut: „Die Kritik der platonischen Ideenlehre in der Ethik des Aristoteles" (1965) in: „Mueller-Goldingen, Christian (Hrsg.): „Schriften zur aristotelischen Ethik" Hildesheim (1988), S. 223–246.

Foerster, Heinz von: „Wissen und Gewissen. Versuch einer Brücke" Frankfurt a.M. (1993).

Foerster, Heinz von/Bröker, Monika: „Teil der Welt. Fraktale einer Ethik – Ein Drama in drei Akten" Heidelberg (2002).

Fuger, Franz: „‚Kenosis' und das Christliche einer christlichen Ethik. Eine christologische Rückfrage" in: Demmer, Klaus/Schüller, Bruno (Hrsg.): „Christlich glauben und handeln. Fragen einer fundamentalen Moraltheologie in der Diskussion" Düsseldorf (1977), S. 96–11.

Fukuyama, Francis: „Ich oder die Gemeinschaft" in: Assheuer, Thomas/Perger, Werner A.: „Was wird aus der Demokratie? Opladen (2000) S. 19–26.

Freitag, Walburga: „Diskurs und Biographie. Konstruktion und Normalisierung contergangeschädigter Körper und ihre Bedeutung für die Entwicklung biographisch ›wahren‹ Wissens" in: Waldschmidt, Anne/Schneider, Werner: (Hrsg.): „Disability Studies, Kultursoziologie und Soziologie der Behinderung. Erkundungen in einem neuen Forschungsfeld" Bielefeld (2007) S. 249–271.

Fritzsche, Karl Peter: „Menschenrechtsbildung: Warum wir sie brauchen und was sie ausmacht. Ein Profil in 15 Thesen. Beiträge zur Demokratiepädagogik. Eine Schriftenreihe des BLK-Programms ‚Demokratie lernen & leben' Berlin (2004).

Fuchs, Petra: „»Sei doch dich selbst« Krankenakten als historische Quellen von Subjektivität im Kontext der Disability History" in: Bösl, Elsbeth/Klein, Anne/Waldschmidt, Anne (Hrsg.): „Disability History. Konstruktionen von Behinderung in der Geschichte. Eine Einführung" Bielefeld (2010), S. 105–123.

Füssel, Hans-Peter: „Demokratie und Schule, Demokratie in der Schule rechts und schulpolitische Überlegungen. Beiträge zur Demokratiepädagogik. Eine Schriftenreihe des BLK-Programms „Demokratie lernen & leben" Berlin (2004).

Gaulke, Jürgen: „John Stuart Mill" Reinbek (1996).

Gadamer, Hans-Georg: „Platons dialektische Ethik. Phänomenologische Interpretationen zum Philebos" Hamburg (1983).

Georgens, Jan Daniel/Deinhardt, Heinrich: „Die Heilpädagogik: mit besonderer Berücksichtigung der Idiotie und der Idiotenanstalten Bd. 1; Zwölf Vorträge zur Einleitung und Begründung einer Heilpädagogischen Gesamtwissenschaft" Leipzig (1861) reprint: Gießen (1979).

Georgi, Viola B.: „Demokratie Lernen in der Schule. Leitbild und Handlungsfelder" Berlin (2006).

Gudjons, Herbert: „Pädagogisches Grundwissen" Bad Heilbrunn (2003).

Guéhenno, Jean-Marie: „Die neue Machtfrage" in: Assheuer, Thomas/Perger, Werner A.: „Was wird aus der Demokratie?" Opladen (2000), S. 67–76.

Gugutzer, Robert/Schneider, Werner: „Der »behinderte« Körper in den Disability Studies. Eine körpersoziologische Grundlegung" in: Waldschmidt, Anne/Schneider, Werner: (Hrsg.): „Disability Studies, Kultursoziologie und Soziologie der Behinderung. Erkundungen in einem neuen Forschungsfeld" Bielefeld (2007), S.31–54.

Häring, Bernhard: „Die Ethik der Bergpredigt. Die acht Seligpreisungen" Graz (2000).

Hayek, Freidrich A.: „Recht Gesetz und Freiheit. Bd. 2: Die illusion der sozialen Gerechtigkeit. Eine neue Darstellung der liberalen Prinzipien der Gerechtigkeit und der politischen Ökonomie" Landsberg am Lech (1981).
Hehlmann, Wilhelm: „Wörterbuch der Pädagogik" Stuttgart (1967).
Heitmeyer, Wilhelm: „Leben wir immer noch in zwei Gesellschaften? 20 Jahre Vereinigungsprozess und die Situation Gruppenbezogener Menschenfeindlichkeit" in: Heitmeyer, Wilhelm (Hrsg.): „Deutsche Zustände. Folge 7" Frankfurt a. M. (2009), S. 13–52.
Heitmeyer, Wilhelm: „Gruppenbezogene Menschenfeindlichkeit (GMF) in einem entsicherten Jahrzehnt" in: Heitmeyer, Wilhelm (Hrsg.): „Deutsche Zustände. Folge 10" Berlin (2012), S. 15–41.
Heitmeyer, Wilhelm/Mansel, Jürgen: „Entleerung der Demokratie. Die unübersichtlichen Folgen sind weitreichend" in: Heitmeyer, Wilhelm (Hrsg.): „Deutsche Zustände. Folge 2" Frankfurt a. M. (2003), S. 35–60.
Henn, Wolfram: „Warum Frauen nicht schwach, Schwarze nicht dumm und Behinderte nicht arm dran sind. Der Mythos von den guten Genen" Freiburg (2004).
Henkel, Hans-Olaf: „Die Ethik des Erfolgs. Spielregeln für die globalisierte Gesellschaft" Berlin (2002).
Henkel, Hans-Olaf: „Die Kraft des Neubeginns. Deutschland ist machbar" München (2005).
Hentig, Hartmut von: „Systemzwang und Selbstbestimmung. Über die Bedingungen der Gesamtschule in der Industriegesellschaft" Stuttgart (1968).
Hentig, Hartmut von: „»Humanisierung« – eine verschämte Rückkehr zur Pädagogik? Andere Wege zur Veränderung der Schule" Stuttgart (1987).
Hentig, Hartmut von: „Bildung: ein Essay" Weinheim (1996).
Hentig, Hartmut von: „Die Schule neu denken. Eine Übung in pädagogischer Vernunft" Erweiterte Neuausgabe, Weinheim (2003).
Hentig, Hartmut von: „Wissenschaft. Eine Kritik" Weinheim (2005).
Hentig, Hartmut von: „Lernen in anderen Räumen: die Gebäude der Laborschule" in: Thurn, Susanne, Tilmann, Klaus-Jürgen (Hrsg.): „Laborschule – Schule der Zukunft" Bad Heilbrunn (2011), S. 116–132.
Herrmann, Ulrich: „Die Zukunftsschule" in: Fitzner, Thilo/Kalb, Peter/Risse, Erika (Hrsg.): „Reformpädagogik in der Schulpraxis" Bad Heilbrunn (2012) S. 299–306.
Hermes, Gisela: „Der Wissenschaftsansatz der Disability Studies – neue Erkenntnisgewinne über Behinderung?" in: Hermes, Gisela/Rohrmann, Eckhard (Hrsg.): „Nichts über uns – ohne uns! Disabilty Studies als neuer Ansatz

emanzipatorischer und interdisziplinärer Forschung über Behinderte" Neu-Ulm (2006), S. 15–30.

Himmelmann, Gerhard: „Demokratie-Lernen: Was? Warum? Wozu? Beiträge zur Demokratiepädagogik. Eine Schriftenreihe des BLK-Programms ‚Demokratie lernen & leben' Berlin (2004).

Himmelmann, Gerhard: „Was ist Demokratiekompetenz? Ein Vergleich von Kompetenzmodellen unter Berücksichtigung internationaler Ansätze" Berlin (2005).

Höffe, Otfried: „Rawls' Theorie der politisch-sozialen Gerechtigkeit" in: Rawls, John: Gerechtigkeit als Fairneß" München (1977), S. 16–33.

Höffe, Otfried: „Aristoteles" München (1996).

Höffe, Otfried: „Normative Ethik" in Höffe, Ottfried (Hrsg.): „Lexikon der Ethik" München (1997), S. 219–221.

Höffe, Ottfried: „Tugend" in: Höffe, Ottfried (Hrsg.): „Lexikon der Ethik" München (1997), S. 306–309.

Höffe, Otfried: „Praktische Philosophie. Das Modell des Aristoteles" Berlin (2008)

Höffe, Otfried: „Ist die Demokratie zukunftsfähig? Über moderne Politik" München (2009).

Holthaus, Stephan: „Werte. Was Deutschland wirklich braucht" Gießen (2008).

Hoops, Wiklef: „Welche Domänen sind die Domäne des ‚Konstruktivismus'?" in: Meixner, Johanna/Müller, Klaus: „Konstruktivistische Schulpraxis. Beispiele für den Unterricht" Weinheim (2009), S. 49–72.

Horn, Christoph: „Einführung in die Politische Philosophie" Darmstadt (2003).

Horn, Christoph: „Einleitung: Aristoteles und der politische Aristotelismus" in: Horn, Christoph/Neschke-Hentschke, Ada: „Politischer Aristotelismus. Die Rezeption der aristotelischen „Politik" von der Antike bis zum 19. Jahrhundert" Stuttgart (2008), S. 1–19.

Hottinger, Olaf: „Eigeninteresse und individuelles Nutzkalkül in der Theorie der Gesellschaft und Ökonomie von Adam Smith, Jeremy Bentham und John Stuart Mill" Marburg (1998).

Ingelheart, Ronald/Welzel, Christian: „Modernization, Cultural Change and Democracy. The Human Development Sequence" Cambridge (2005).

Jaspers, Karl: „Plato" München (1976).

Jennessen, Sven: „Der Mensch als primärer Akteur. Forschungsperspektiven der sozialen Rehabilitation bei Körperschädigungen" in: ders. (Hrsg.): „Leben geht weiter… Neue Perspektiven der sozialen Rehabilitation körperbehinderter Menschen im Lebenslauf" Weinheim (2008), S. 28–42.

Jennessen, Sven: „Spezifik in einer Pädagogik der Vielfalt – Schulische Inklusion körperbehinderter Kinder und Jugendlicher" in: Jennessen, Sven/Lelgemann,

Reinhard/Ortland, Barbara/Schlüter Martina (Hrsg.): „Leben mit Körperbehinderung. Perspektiven der Inklusion" Stuttgart (2010), S. 120–134.
Jonas, Hans: „Das Prinzip Verantwortung. Versuch einer Ethik für die technologische Zivilisation" Frankfurt a.M. (2007).
Kant, Immanuel: „Grundlegungen zur Metaphysik der Sitten" in: „Kants Werke. Akademie-Textausgabe. Bd. IV" Berlin (1968a).
Kant, Immanuel: „Kritik der Praktischen Vernunft" in: „Kants Werke. Akademie-Textausgabe. Bd. V" Berlin (1968b), S. 1–163.
Kant, Immanuel: „Kritik der Urtheilskraft" in Kants Werke. Akademie-Textausgabe. Bd. V" Berlin (1968c), S. 165–486.
Kant, Immanuel: „Anthropologie in pragmatischer Hinsicht" in: „Kants Werke. Akademie-Textausgabe. Bd. VII" Berlin (1968d), S. 117–334.
Kant, Immanuel: „Zum ewigen Frieden" in: „Kants Werke. Akademie-Textausgabe. Bd. VIII" Berlin (1968e), S. 341–386.
Kelly, Kevin: „Out of Control. The New Biology of Machines, Social Systems and the Ecconomic World" New York (1995).
Klar, Samuel: „Moral und Politik bei Kant. Eine Untersuchung zu Kants praktischer und politischer Philosophie im Ausgang der ‚Religion innerhalb der Grenzen der bloßen Vernunft'" Würzburg (2007).
Klein, Anne: „Wie betreibt man Disability Historie? Methoden in Bewegung" in: Bösl, Elsbeth/Klein, Anne/Waldschmidt, Anne (Hrsg.): „Disability History. Konstruktionen von Behinderung in der Geschichte. Eine Einführung" Bielefeld (2010), S.45–63.
Köckert, Matthias: „Luthers Auslegung des Dekalogs in seinen Katechismen aus Sicht eines Alttestamentlers" in: Ders. (Hrsg.): „Christliche Ethik – Evangelische Ethik? Das Ethische im Konflikt der Interpretation" Neukirchen-Vluyn (2004), S. 23–68.
Kohlberg, Lawrence/Turiel Elliot: „Moralische Entwicklung und Moralerziehung" in: PZ-Information 24/96 „Wertevermittlung in der Schule. Texte zur Theorie und Praxis der Moralerziehung Bd. II Der Ansatz von Lawrence Kohlberg" Bad Kreuznach (1996) S. 20–43.
LaFollete, Hugh: „Pragmatic Ethics" in: ders. (ed.): „The Blackwell Guide to Ethical Theory" Oxford (2006), pp. 400–419.
La Mettrie, Julien Offray de: „L'homme machine" Leiden/Niederlande (1748); Digitalisierte Version. Verfügbar unter: http://www.bsz- bw.de/depot/media/3400000/3421000/3421308/01_0270.html (2001).
Lange-Quassowski, Jutta-B.: „Das Lehrstück Re-education – Das deutsche Schulwesen zwischen Besatzung und Restauration" in: „Roloff, Ernst-August

(Hrsg.): „Schule in der Demokratie, Demokratie in der Schule? Eine exemplarische Einführung in Theorie und Praxis der Schulpolitik" Stuttgart (1979), S. 71–100.

Lein, Albrecht/Baubenheim, Günter: „Das Lehrstück Gesamtschule: Schulpolitik ist Gesellschaftspolitik" in: Roloff, Ernst-August: (Hrsg.) „Schule in der Demokratie – Demokratie in der Schule? Eine exemplarische Einführung in Theorie und Praxis der Schulpolitik" Stuttgart (1979), S. 143–158.

Lelgemann, Reinhard: „Körperbehindertenpädagogik. Didaktik und Unterricht" Stuttgart (2010).

Lewis, Clive Staples: „Die Abschaffung des Menschen" Einsiedeln (2003).

Lob-Hüdepohl, Andreas: „Vielfältige Teilhabe als Menschenrecht – ethische Grundlagen inklusiver Praxis" in: „Wittig-Koppe, Holger/Bremer, Fritz/Hansen, Hartwig (Hrsg.): „Teilhabe in Zeiten verschärfter Ausgrenzung? Kritische Beiträge zur Inklusionsdebatte" Neumünster (2010), S. 13–21.

Locke, John: „Two Treatises of Government" London (1821).

Ludewig, Ralf: „Kant für Anfänger. Der kategorische Imperativ. Eine Lese-Einführung" München (1997).

Mackie, John Leslie: „Ethik. Die Erfindung des moralisch Richtigen und Falschen" Stuttgart (1983).

Mansel, Jürgen/Heitmeyer, Jürgen: „Spaltung der Gesellschaft. Die negativen Auswirkungen auf das Zusammenleben" in: Heitmeyer, Wilhelm: „Deutsche Zustände. Folge 3" Frankfurt a.M. (2005) S. 39–72.

Maschke, Michael: „Behinderung als Ungleichheitsphänomen – Herausforderung für Forschung und politische Praxis" in: Waldschmidt, Anne/Schneider, Werner: (Hrsg.): „Disability Studies, Kultursoziologie und Soziologie der Behinderung. Erkundungen in einem neuen Forschungsfeld" Bielefeld (2007) S. 299–320.

Martin, Gottfried: „Platon" Reinbek (1969).

Maturana, Humberto, M.: „Biologie der Sozialität" (1985) in: „Schmidt, Siegfriedt, J. (Hrsg.): „Der Diskurs des radikalen Konstruktivismus" Frankfurt a. M. (1987) S. 287–302.

Meyer, Thomas: „Was ist Demokratie? Eine diskursive Einführung" Wiesbaden (2009).

Mill, John Stuart: „Das Nützlichkeitsprinzip" in: Gompertz Theodor (Red.): „John Stuart Mill's gesammelte Werke Bd. 1" Aalen (1968), S. 127–200.

Mill, John Stuart: „Utilitarism" in: Robson J.M. (ed.): „Collected Works of John Stuart Mill, Volume X. Essays on Ethics, Religon and Society" London (2000), S. 203–259.

Mill, John Stuart: „Betrachtungen über die repräsentative Regierung" Paderborn (1971).
Milles-Paul, Ottmar: „Selbstbestimmung behinderter Menschen – eine Grundlage der Disability Studies" in: Hermes, Gisela/Rohrmann, Eckhard: „Nichts über uns – ohne uns! Disability Studies als neuer Ansatz emanzipatorischer und interdisziplinärer Forschung über Behinderte" Neu-Ulm (2006) S. 31–41.
Moeller, Bernd: „Geschichte des Christentums in Grundzügen" Göttingen (2004).
Möhring, Maren: „Kriegsversehrte Körper. Zur Bedeutung der Sichtbarkeit von Behinderung" in: Waldschmidt, Anne/Schneider, Werner: (Hrsg.): „Disability Studies, Kultursoziologie und Soziologie der Behinderung. Erkundungen in einem neuen Forschungsfeld" Bielefeld (2007) S.175–197.
Montesquieu, Charles-Louis: „L'Esprit des Lois" dans: Caillois, Roger (ed.): Montesquieu. „Œvres complètes II" Paris (1989), pp. 227–1117.
Montesquieu, Charles-Louis: „Vom Geist der Gesetze" Stuttgart (1994).
Morse, Margarete: „Was essen Cyborgs? Orale Logik in derInformationsgesellschaft" in: Arndt/Peter/Wünneberg (Hrsg.):Hyperorganismen" Hannover (2000), S.207–229.
Müller, Andreas: „Jedem seine eigene Schule in der Schule" in: Fitzner, Thilo/ Kalb, Peter/Risse, Erika (Hrsg.): „Reformpädagogik in der Schulpraxis" Bad Heilbrunn (2012), S. 141–147.
Negt, Oskar: „Kindheit und Schule in einer Welt der Umbrüche" Göttingen (1997)
Negt, Oskar: „Der politische Mensch. Demokratie als Lebensform" Göttingen (2010).
Negt, Oskar: „Nur noch Utopien sind realistisch. Politische Interventionen" Göttingen (2012).
Neill, Alexander Sutherland: „Die Befreiung des Kindes" in: Neill/Berg/Adams/ Ollendorf/Duane (Hrsg.): „Die Befreiung des Kindes" Zürich (1973), S. 9–39.
Neill, Alexander, Sutherland: „Das Prinzip Summerhill: Fragen und Antworten" Reinbek (1971).
Neill, Alexander, Sutherland: „Theorie und Praxis antiautoritärer Erziehung – Das Beispiel Summerhill" Reinbek (2004).
Neill, Alexander, Sutherland: „Selbstverwaltung in der Schule" Zürich (2005).
Nussbaum, Martha C.: „Nicht-relative Tugenden: Ein aristotelischer Ansatz" in: Rippe, Klaus Peter/Schaber, Peter: „Tugendethik" Stuttgart (1998), S. 114–165.
Nussbaum, Martha C.: „Konstruktion der Liebe des Begehrens und der Fürsorge. Drei Philosophische Aufsätze" Stuttgart (2002).
Peschke, Karl-Heinz: „Christliche Ethik. Grundlegungen der Moraltheologie" Trier (1997).

Pfannkuche, Walter: „Platons Ethik als Theorie des guten Lebens" Freiburg (1988)
Platon: „Kriton" in: Otto, W./Grassi, E./Plamböck G.: „Platon. Sämtliche Werke, Bd. 1" Hamburg (1957), S. 33–47.
Platon: „Protagoras" in: Otto, W./Grassi, E./Plamböck G.: „Platon. Sämtliche Werke, Bd. 1" Hamburg (1957), S. 49–96.
Platon: „Politeia" in: Otto, W./Grassi, E./Plamböck G.: „Platon. Sämtliche Werke, Bd. 3" Hamburg (1958), S. 67–310.
Podschun, Trutz Eyke: „Sie nannten sie Dolly. Von Klonen, Genen und unserer Verantwortung" Weinheim (1999).
Popper, Karl Raimund: „Die offene Gesellschaft und ihre Feinde, Bd. I: Der Zauber Platons" Tübingen (2003).
Powell, Justin J.W.: „Behinderung in der Schule, behindert durch die Schule? Die Institutionalisierung der ›schulischen Behinderung‹" in: Waldschmidt, Anne/Schneider, Werner: (Hrsg.): „Disability Studies, Kultursoziologie und Soziologie der Behinderung. Erkundungen in einem neuen Forschungsfeld" Bielefeld (2007), S. 321–343.
Praechter, Karl (Hrsg.): „Friedrich Ueberwegs Grundriss der Geschichte der Philosophie. Erster Teil: Die Geschichte des Altertums" Tübingen (1953).
Prins, Sybille: „Jetzt dürfen wir also mitspielen…" in: „Wittig-Koppe, Holger/Bremer, Fritz/Hansen, Hartwig (Hrsg.): „Teilhabe in Zeiten verschärfter Ausgrenzung? Kritische Beiträge zur Inklusionsdebatte" Neumünster (2010), S. 140–152.
Püttmann, Andreas: „Gesellschaft ohne Gott. Risiken und Nebenwirkungen einer Entchristlichung Deutschlands" Asslar (2010).
Raab, Heike: „Intersektionalität in den Disability Studies. Zur Interdependenz von Behinderung, Heteronormativität und Geschlecht" in: Waldschmidt, Anne/Schneider, Werner (Hrsg.): „Disability Studies, Kultursoziologie und Soziologie der Behinderung. Erkundungen in einem neuen Forschungsfeld" Bielefeld (2007), S. 127–148.
Rawls, John: „Eine Theorie der Gerechtigkeit" Frankfurt a. M. (1975).
Reich, Kersten: „Demokratie und Didaktik - oder warum Schulentwicklung und Inklusion nicht beliebig sein können" in: Ziemen, Kerstin (Hrsg.): „Reflexive Didaktik. Annäherungen an eine Schule für alle" Oberhausen (2008), S. 35–54.
Reinhardt, Sibylle: „Demokratie Kompetenzen" Berlin (2004).
Risse, Erika: „Die Reformpädagogik hat das digitale Zeitalter erreicht – und bleibt sich dennoch treu –" in: Fitzner, Thilo/Kalb, Peter E./Risse, Erika: „Reformpädagogik in der Schulpraxis" Bad Heilbrunn (2012), S. 162–170.

Ritter, Joachim (Hrsg.): „Historisches Wörterbuch der Philosophie, Bd. 2: D-F" Darmstadt (1972).

Rohrmann, Eckhard: „Gesellschaftliche Konstruktionen von Anders-Sein in unterschiedlichen kulturhistorischen Kontexten" in: Hermes, Gisela/Rohrmann, Eckhard: „Nichts über uns – ohne uns! Disability Studies als neuer Ansatz emanzipatorischer und interdisziplinärer Forschung über Behinderte" Neu-Ulm (2006), S. 140–158.

Rousseau, Jean-Jacques: „Discours sur L'origine et les fondemens de L'inégalité parmi les homes" Paris (1962), pp. 25–122 dans: Gagnebin, Bernad/Raymond, Marcel (ed.): „Jean-Jacques Rousseau. „Œuvres complètes, volume III" (Bibliothéque de la Pléiade) Paris (1964), pp. 111–241.

Rousseau, Jean-Jacques: „Du Contract Social ou Essai sur la forme de la Republique. (Première version)" dans: Gagnebin, Bernad/Raymond, Marcel (ed.): „Jean-Jacques Rousseau. „Œuvres complètes, volume III" (Bibliothéque de la Pléiade) Paris (1964), pp. 281–346.

Rousseau, Jean-Jacques: „Du Contract Social; ou Pricipes du droit Politique" dans: Gagnebin, Bernad/Raymond, Marcel (ed.): „Jean-Jacques Rousseau. „Œuvres complètes, volume III" (Bibliothéque de la Pléiade) Paris (1964) pp. 347–470.

Rousseau, Jean-Jacques: „Vom Gesellschaftsvertrag oder Prinzipien des Staatsrechts" in: Fontius, Martin (Hrsg.): „Jean Jacques Rousseau. Kulturkritische und politische Schriften Bd. 1" Berlin (1989), S. 381–505.

Sacher, Werner: „Deutsche Leistungsdefizite bei Pisa. Bedingungsfaktoren in Unterricht, Schule und Gesellschaft" in: Frederking, Volker/Heller, Hartmut/ Scheunpflug, Anette (Hrsg.): „Nach Pisa. Konsequenzen für Schule und Lehrerbildung nach zwei Studien" Wiesbaden (2005).

Saerberg, Siegfried: „Über die Differenz des Geradeaus. Alltagsinszenierungen von Blindheit" in: Waldschmidt, Anne/Schneider, Werner: (Hrsg.): „Disability Studies, Kultursoziologie und Soziologie der Behinderung. Erkundungen in einem neuen Forschungsfeld" Bielefeld (2007), S. 201–223.

Sander, Wolfgang: „Politik entdecken, Freiheit leben. Didaktische Grundlagen politischer Bildung" Schwalbach/Ts. (2007).

Sander, Theodor/Rolff, Hans-Günter/Winkler, Gertrud: „Die demokratische Leistungsschule" Hannover (1971).

Sandermann, Philipp: „Lebensweltorientiertes ‚service learning' als Bildungs- und Sozialarbeit? Möglichkeiten und Grenzen einer kooperativen Praxis zwischen Schule und Jugendhilfe im Gemeinwesen" Berlin (2006).

Schäfer, Christian: „Gerechtigkeit (*dikaiosynê*)" in: ders. (Hrsg.): Platon-Lexikon. Begriffswörterbuch zu Platon und der platonischen Tradition" Darmstadt (2007), S. 131–135.

Schillmeier, Michael: „Zur Politik des Behindert-Werdens. Behinderung als Erfahrung und Ereignis" in: Waldschmidt, Anne/Schneider, Werner (Hrsg.): „Disability Studies, Kultursoziologie und Soziologie der Behinderung. Erkundungen in einem neuen Forschungsfeld" Bielefeld (2007), S.79–99.

Schischkoff, Georgi: „Philosophisches Wörterbuch" Stuttgart (1991).

Schmitz, Philipp: „Die Goldene Regel – Schlüssel zum ethischen Kontext" in: Demmer, Klaus/Schüller, Bruno (Hrsg.): „Christlich glauben und handeln. Fragen einer fundamentalen Moraltheologie in der Diskussion" Düsseldorf (1977), S. 208–222.

Schmuhl, Hans-Walter: „Exklusion und Inklusion durch Sprache – Zur Geschichte des Begriffs der Behinderung" Berlin (2010).

Schönwälder, Karen: „Diversity und Antidiskriminierungspolitik" in: Krell, Gertraud/Riemüller, Barbara/Sieben, Barbara/Vinz, Dagmar: „Diversity Studies. Grundlagen und disziplinäre Ansätze" Frankfurt a. M. (2007), S. 163–178.

Schönwiese, Volker: „Das gesellschaftliche Bild behinderter Menschen" in: Hermes, Gisela/Rohrmann, Eckard: „Nichts über uns – ohne uns! Disability Studies als neuer Ansatz emanzipatorischer und interdisziplinärer Forschung über Behinderte" Neu-Ulm (2006), S. 159–172.

Schirp, Heinz: „Werteerziehung und Schulentwicklung. Konzeptuelle und organisatorische Ansätze zur Entwicklung einer demokratischen und sozialen Lernkultur" Berlin (2004).

Sliwka, Silke: „Service Learning: Verantwortung lernen in Schule und Gemeinde" Berlin (2004).

Soltauer Initiative: „Moralisch aufwärts im Abschwung? UN-Konvention über die Rechte von Menschen mit Behinderungen im Kontext von Sozial- und Wirtschaftspolitik" in: „Wittig-Koppe, Holger/Bremer, Fritz/Hansen, Hartwig (Hrsg.): „Teilhabe in Zeiten verschärfter Ausgrenzung? Kritische Beiträge zur Inklusionsdebatte" Neumünster (2010), S. 154–172.

Singer, Peter: „Praktische Ethik" Stuttgart (1994).

Spaemann, Robert: „Das Natürliche und das Vernünftige. Essays zur Anthropologie" München (1987).

Spaemann, Robert: „Die Herausforderung der Zivilisation" in: Tolmein, Oliver/ Schweidler, Walter (Hrsg.): „Was den Menschen zum Menschen macht. Eine Gesprächsreihe zur Bioethik-Diskussion" Münster (2003), S. 11–20.

Speck, Otto: „Schulische Inklusion aus heilpädagogischer Sicht. Rhetorik und Realität" München (2010).
Statistisches Bundesamt: „Bildungs-Finanzbericht 2012. Im Auftrag des Bundesministeriums für Bildung und Forschung und der Ständigen Konferenz der Kultusminister der Länder in der Bundesrepublik Deutschland" Wiesbaden (2012).
Steinhart, Ingmar: „Der Weg zu einer inklusiveren Gesellschaft – Herausforderung für alle" in: „Wittig-Koppe, Holger/Bremer, Fritz/Hansen, Hartwig (Hrsg.): „Teilhabe in Zeiten verschärfter Ausgrenzung? Kritische Beiträge zur Inklusionsdebatte" Neumünster (2010), S. 67–77.
Stott, John: „The Message of the Sermon on the Mount. Christian Counter-Culture" Leicester (1985).
Ströbel, Josef: „Behinderung und gesellschaftliche Teilhabe aus Sicht von Menschen mit sogenannter geistiger Behinderung" in: Hermes, Gisela/Rohrmann, Eckard: „Nichts über uns – ohne uns! Disability Studies als neuer Ansatz emanzipatorischer und interdisziplinärer Forschung über Behinderte" Neu-Ulm (2006), S. 42–49.
Theunissen, Georg: „Inklusion – für die Behindertenarbeit kritisch buchstabiert" in: „Wittig-Koppe, Holger/Bremer, Fritz/Hansen, Hartwig (Hrsg.): „Teilhabe in Zeiten verschärfter Ausgrenzung? Kritische Beiträge zur Inklusionsdebatte" Neumünster (2010), S. 46–54.
Thomä, Dieter: „Vom Glück in der Moderne" Frankfurt a.M. (2003).
Tiberius, Victor: „Hochschuldidaktik der Zukunftsforschung" Wiesbaden (2011).
Tong, Rosemarie: „Feminist approaches to Bioethics. Theoretical Reflections and practical Applications" Boulder (1997).
Tocqueville, Alexis de: „De la Démocratie en Amérique I" dans: Jardin, André (ed.): „Tocqueville. „Œuvres volume II" (Bibliothéque de la Pléiade) Paris (1992), pp. 3–506.
Tocqueville, Alexis de: „De la Démocratie en Amérique II" dans: Jardin, André (ed.): „Tocqueville. „Œuvres volume II" (Bibliothéque de la Pléiade) Paris (1992), pp. 507–900.
Tocqueville, Alexis de: „Über die Demokratie in Amerika. Erster Teil von 1835" Zürich (1987a).
Tocqueville, Alexis de: „Über die Demokratie in Amerika. Zweiter Teil von 1840" Zürich (1987b).
Touraine, Alain: „Lob auf die Zivilgesellschaft" in: Assheuer, Thomas/Perger, Werner A. (Hrsg.): „Was wird aus der Demokratie? Opladen (2000), S. 51–58.
Volz, Sibylle: „Diskriminierung von Menschen mit Behinderung im Kontext von Präimplantations- und Pränataldiagnostik" in: Graumann, Sigrid/Grüber,

Katrin (Hrsg.): „Medizin, Ethik und Behinderung. Beiträge aus dem Institut Mensch, Ethik und Wissenschaft" Frankfurt a. M. (2003), S. 72–88.

Vorländer, Karl: „Geschichte der Philosophie, Bd. I: Altertum und Mittelalter" Hamburg (1949).

Waldschmidt, Anne: „Macht – Wissen – Körper. Anschlüsse an Michel Foucault in den Disability Studies" in: Waldschmidt, Anne/Schneider, Werner: (Hrsg.): „Disability Studies, Kultursoziologie und Soziologie der Behinderung. Erkundungen in einem neuen Forschungsfeld" Bielefeld (2007), S. 55–77.

Waldschmidt, Anne: „Warum und wozu brauchen die Disability Studies die Disability History? Programmatische Überlegungen" in: Bösl, Elsbeth/Klein, Anne/ Waldschmidt, Anne (Hrsg.): „Disability History. Konstruktionen von Behinderung in der Geschichte. Eine Einführung" Bielefeld (2010), S. 13–27.

Waldschmidt, Anne/Schneider, Werner: „Disability Studies und Soziologie der Behinderung. Kultursoziologische Grenzgänge – eine Einführung" in: Waldschmidt, Anne/Schneider, Werner (Hrsg.): „Disability Studies, Kultursoziologie und Soziologie der Behinderung. Erkundungen in einem neuen Forschungsfeld" Bielefeld (2007) S. 9–25.

Wansing, Gudrun: „Behinderung: Inklusions- oder Exklusionsfolge? Zur Konstruktion paradoxer Lebensläufe in der modernen Gesellschaft" in: Waldschmidt, Anne/Schneider, Werner (Hrsg.): „Disability Studies, Kultursoziologie und Soziologie der Behinderung. Erkundungen in einem neuen Forschungsfeld" Bielefeld (2007), S. 274–297.

Weisser, Jan: „(An)geordnete Behinderungen: Die Beschränktheit des Raums" in: Graf, Erich Otto/Renggli, Cornelia/Weisser, Jan (Hrsg.): „Die Welt als Barriere. Deutschsprachige Beiträge zu den Disability Studies" Bern (2007) S. 247–256.

Westbrook, Robert B.: „John Dewey und die Logik der Demokratie" in: Joas, Hans (Hrsg.): „Philosophie der Demokratie. Beiträge zum Werk von John Dewey" Frankfurt a. M. (2000), S. 341–361.

Wieczorek, Marion: „Grundfragen einer Didaktik für Schüler mit Körperbehinderungen - entwicklungsgemäßes Lernen in Bezogenheit" in: Wieczorek, Marion/ Haupt, Ursula (Hrsg.): „Brennpunkte der Körperbehindertenpädagogik" Stuttgart (2007), S. 70–90.

Wieczorek, Marion: „Zur aktuellen schulischen Situation von Kindern mit schwersten Behinderungen" in: Wieczorek, Marion/Haupt, Ursula (Hrsg.): „Brennpunkte der Körperbehindertenpädagogik" Stuttgart (2007), S. 110–127.

Wiliams, Bernard: „Kritik des Utilitarismus" Frankfurt a.M (1979).

Wokkler, Robert: „Rousseau" Freiburg (1999).

Wolf, Jean-Claude: „John Stuart Mills ‚Utilitarismus'. Ein kritischer Kommentar" Freiburg (1992).
Wunder, Dieter: „Ganztagsschule und demokratisches Lernen. Beiträge zu Demokratiepädagogik. Eine Schriftenreihe des BLK-Programms 'Demokratie lernen & leben" Berlin (2006).
Wunder, Michael: „Inklusion – nur ein neues Wort oder ein anderes Konzept?" in: „Wittig-Koppe, Holger/Bremer, Fritz/Hansen, Hartwig (Hrsg.): „Teilhabe in Zeiten verschärfter Ausgrenzung? Kritische Beiträge zur Inklusionsdebatte" Neumünster (2010), S. 22–37.
Zwingelberg, Hans Willi: „Kants Ethik und das Problem der Einheit von Freiheit und Gesetz" Bonn (1969).

Zeitschriften

Aichele, Valentin: „Neue Grundlage für die Behindertenpolitik in Deutschland. Die UN-Behindertenrechtskonvention und ihr Fakultativprotokoll" in: Gemeinsam leben 17. Jg. Heft 4 (2009) S. 203–211.
Albers, Timm: „Stichwort: Inklusion. Die Behindertenrechtskonvention und die Förderschule" in: Fördermagazin o. Jg. Heft 1 (2010) S. 32–33.
Bayrisches Staatsministerium für Unterricht und Kultus: „Inklusion. Pädagogischer Pioniergeist" in: Lehrerinfo o. Jg. Heft 2 (2011) S. 4–7.
Bernstorff, Jochen von: „Kommentar zum deutschen Zustimmungsgesetz zum Übereinkommen der Vereinten Nationen über die Rechte von Menschen mit Behinderungen" in: Gemeinsam leben 17. Jg. Heft 2 (2009) S. 116–117.
Boban, Ines/Hinz, Andreas: „Segregation? Integration? Inklusion? Von elementaren Unterstützungsbedürfnissen und dem Abbau von Barrieren" in: Orientierung 33. Jg. Heft 1 (2009a) S. 27–31.
Boban, Ines/Hinz, Andreas: „Inklusive Werte in allen Lebensbereichen realisieren" in: Gemeinsam leben 17. Jg. Heft 2 (2009b) S. 92–99.
Bollnow, Otto Friedrich: „Probleme des erlebten Raums" in: Wilhelmshavener Vorträge. Schriftenreihe der Nordwestdeutschen Universitätsgesellschaft (1962) Heft 34, S. 3–28.
Bollnow, Otto Friedrich: „Der Mensch und der Raum" in: Universitas, 18. Jg. (1963), S. 499–514.
Brunner, Esther: „Welchen pädagogischen Nutzen bzw. welche Einsichten bieten neurowissenschaftliche Studien? Eine kritische Auseinandersetzung über die fehlende Interdisziplinarität im Feld der Neurowissenschaften anhand des

Themenbereichs Dyskalkulie" in: Schweizerische Zeitschrift für Heilpädagogik 16. Jg. Heft 11/12 (2010) S. 33–37.

Bürli, Alois/Mürner, Christian/Egli, Hans/Niedermair, Claudia/Schwinge, Mirella/Stein, Anne-Dore/Weber, Germain: „Sieben Fragen zur Inklusion" in: Behindertenpädagogik, 48 Jg. Heft 3 (2009), S. 292–305.

Degener, Theresia: „Eine UN-Menschenrechtskonvention für Behinderte als Beitrag zur ethischen Globalisierung" in: Aus Politik und Zeitgeschichte (Beilage zur Wochenzeitung „Das Parlament" B8 (2003) S. 37–45.

Degener, Theresia: „Menschenrechtsschutz für behinderte Menschen. Vom Entstehen einer neuen Menschenrechtskonvention der Vereinten Nationen" in: Vereinte Nationen 54. Jg. Heft 3 (2006) S. 104–110.

Degener, Theresia: „Die neue UN Behindertenrechtskonvention aus Perspektive der Disability Studies" in: Behindertenpädagogik 48. Jg. Heft 3 (2009) S. 263–283.

Deissler, Klaus G.: „Ethik, Ethiken – völlig losgelöst? Bruchstücke ethischer Fragen in kollaborativen Beratungs- und Therapiekontexten" in: Zeitschrift für systemische Therapie und Beratung 23. Jg. Heft 1 (2005) S. 19–25.

Dittrich, Gisela: „Der 13. Kinder- und Jugendbericht: Kann die Kinder- und Jugendhilfe an Inklusionsentwicklungen beteiligt werden? In: Gemeinsam leben 18. Jg. Heft 2 (2010) S. 67–73.

Eichner, Kuno: „Sozialraumorientierung – Integration durch Partnerschaft. Das Bamberger Modell" in: „Impulse" No. 46/47 Heft 3/4 (2008) S. 4–8.

Federolf, Claudia: „Strukturelemente unterrichtsorganisatorischer Überlegungen auf dem Weg zu einer Schule für alle Kinder" In: Gemeinsam leben 18. Jg. Heft 4 (2010) S.212–219.

Federolf, Claudia: „Einblicke in die Unterrichtsplanung und Organisation einer themenorientierten Einheit und ihrer Einbindung in den Schulalltag mit dem Ziel einen Unterricht für alle Kinder zu ermöglichen" in: „Behindertenpädagogik 50. Jg. Heft 3 (2011) S. 322–335.

Feuser, Georg: „Integration und Inklusion als Möglichkeitsräume" in: Gemeinsam leben 17. Jg. Heft 3 (2009) S. 156–166.

Feuser, Georg: „Eine zukunftsfähige „inklusive Bildung" - keine Sache der Belibigkeit, nicht nur in Bremen!" in: Zeitschrift für Heilpädagogik, 63 Jg. Heft 12 (2012) S. 492–502.

Feyerer, Ewald: „Offene Fragen und Dilemmata bei der Umsetzung der UN-Konvention" in: Zeitschrift für Inklusion[112], Nr. 2 (2011) Verfügbar unter:

---

[112] Die Artikel, die in der „Zeitschrift für Inklusion" erschienen sind werden, da sie seit 2006 regelmäßig als open access Online-Zeitschrift erscheinen unter den Zeitschriften

http://www.inklusion-online.net/index.php/inklusion/article/view/106/107 (Stand: 04.08.2011).

Fischer, Erhard, Heger, Manuela, Laubenstein, Désireé: „Projekt – ‚Übergang Förderschule-Beruf'" in: Impulse No. 46/47 Heft 3/4 (2008) S. 13–16.

Häcker, Ulrike: „Was meint was. Begriffe zum Thema Inklusion" in: Orientierung 33. Jg. Heft 1 (2009a) S. 6–7.

Häcker, Ulrike: „Menschenrechte für Alle. Rechtliche Schritte zur Inklusion" in: Orientierung 33. Jg. Heft 1 (2009b) S. 20–23.

Hausmanns, Sibylle: „Wo bitte geht's zur Inklusion? Eine Spickzettelerwiderung" in: Gemeinsam leben 17. Jg. Heft 4 (2009)

Hentig, Hartmut von: „Das Ethos der Erziehung. Was ist in ihr elementar?" in: Zeitschrift für Pädagogik 55. Jg, Heft 4 (2009) S. 509–527.

Hirose Iwao: „Aggregation and the Separateness of Persons" in: Utilitas, 25, Issu 2 (2013) pp. 182–205.

Hinz, Andreas: „Zur Umsetzung der UN-Behindertenrechtskonvention im Land Sachsen-Anhalt" in: Zeitschrift für Inklusion, Nr. 2 (2011) Verfügbar unter: http://www.inklusion-online.net/index.php/inklusion/article/view/114/115 (Stand: 04.08.2011).

Jacobs, Kurt: „Der steinige Weg zur inklusiven Schulbildung – Probleme, Hemmnisse, Chancen" in: „Behindertenpädagogik" 50. Jg. Heft 2 (2011) S. 126–141.

Jennessen, Sven/Wagner, Michael: „Alles so schön bunt hier!? Grundlegendes und Spezifisches zur Inklusion aus sonderpädagogischer Perspektive" in Zeitschrift für Heilpädagogik 63. Jg Heft 8 (2012) S. 335–344.

Kallehauge, Holger: „Die Entstehungsgeschichte einer neuen Menschenrechtskonvention. Die UN-Konvention der Rechte von Menschen mit Behinderung" in: Gemeinsam leben 17. Jg. Heft 4 (2009) S. 195–202.

Kant, Christoph: „Zur Bedeutung mathematisch-naturwissenschaftlicher Erkenntnisse in der sonderpädagogischen Theoriebildung. Eine kritische Analyse sogenannter ‚Grundlagenprobleme' in der Sonderpädagogik" in: „Sonderpädagogik" 35. Jg. Heft 4 (2005), S. 220–234.

Kluge, Rainer: „Der Paradigmenwechsel in der Behindertenbewegung und Politik. Bestandsaufnahme und Fragen zum Prozess" in: Sonderpädagogische Förderung heute, 54. Jg. Heft 2 (2009) S. 154–164.

Köpcke-Duttler, Arnold: „Die neue Konvention stärkt das Recht auf Bildung aller Menschen!" in: Zeitschrift für Inklusion, Nr. 2 (2009) Verfügbar unter:

---

und nicht unter den Internetquellen geführt. Sämtliche Ausgaben sind unter http://www.inklusiononline.net frei einzusehen.

http://www.inklusion-online.net/index.php/inklusion/article/view/33/40 (Stand: 04.08.2011).

Kron-Klees, Friedhelm: „Systemische Therapie und Ethik" in: Zeitschrift für systemische Therapie und Beratung 23. Jg. Heft 1 (2005) S. 10–18.

Lindmeier, Bettina: „Auswirkungen der »UN-Konvention über die Rechte von Menschen mit Behinderungen« auf Einrichtungen der Behindertenhilfe" in: Sonderpädagogische Förderung heute 54. Jg. Heft 4 (2009) S. 395–409.

Lindmeier, Christian: „Inklusive Bildung und Kinderechte" in: Gemeinsam leben. Zeitschrift für Inklusion" 19. Jg, Heft 4 (2011), S. 205–217.

Matuko, Bartholomäus J.: „Disability-Diversity Management an Hochschulen. Leitidee und Praxismodelle" in: Gemeinsam leben 18. Jg. Heft 1 (2010) S. 21–27.

Miles-Paul Ottmar: „Auf dem Weg zur Umsetzung der UN-Konvention" in: Zeitschrift für Inklusion, Nr. 2 (2011) Verfügbar unter: http://www.inklusion-online.net/index.php/inklusion/article/view/108/109 (Stand: 04.08.2011).

Oelkers, Jürgen; „Demokratisches Denken in der Pädagogik" in: Zeitschrift für Pädagogik 56. Jg. Heft 1 (2010) S. 3–21.

Popper, Karl: „Zur Theorie der Demokratie" in: Der Spiegel Heft 32 (1987) S. 54.

Radatz, Joachim/König, Ferdinand, Bausch, Martina/Petri, Charlotte/Humpert-Plückhahn, Gabriele: „Arbeitsbezogene Bildungsbegleitung im Übergangsfeld zwischen Schule und Beruf" in: Impulse No. 36 (2005) S. 23–33.

Radtke, Peter: „Zum Bild behinderter Menschen in den Medien" in: Aus Politik und Zeitgeschichte (Beilage zur Wochenzeitung „Das Parlament") B8 (2003) S. 7–12.

Rohrmann, Albrecht: „Wie inklusiv ist unsere Gesellschaft?" in: Impulse No. 56, O.Jg. Heft 1 (2011) S. 16–17.

Rosenberger, Manfred: „Integration ist nicht teurer als Separation! Bietet ein neuer Gang vor das Bundesverfassungsgericht Aussicht auf Erfolg?" in: Gemeinsam leben - Zeitschrift für integrative Erziehung" 7. Jg. Heft 4 (1999) S. 188–189.

Schönwiese, Volker: „Disability Studies und integrative/inklusive Pädagogik. Ein Kommentar" in: Behindertenpädagogik 48. Jg. Heft 3 (2009) S. 284–291.

Schumann, Brigitte: „Bericht zur Umsetzung der UN-BRK in NRW Die Bilanz des Versagens unter Schwarz-Gelb" in: Zeitschrift für Inklusion, Nr. 2 (2011) Demokratisches Denken in der Pädagogik http://www.inklusion-online.net/index.php/inklusion/article/view/115/116 (Stand: 04.08.2011).

Schumann, Monika: „Die „Behindertenrechtskonvention" in Kraft! - Ein Meilenstein auf dem Weg zur inklusiven Bildung in Deutschland?!" in: Zeitschrift für Inklusion, Nr. 2 (2009) Demokratisches Denken in der Pädagogik http://www.inklusion-online.net/index.php/inklusion/article/view/35/42 (Stand: 04.08.2011).

Sonntag, Miriam: „Eine inklusive Schule ist eine demokratische Schule" In: Gemeinsam leben 18. Jg. Heft 4 (2010) S. 220–227.

Stein, Anne-Dore/Niediek, Imke/Krach, Stefanie: „Integration und Inklusion auf dem Weg ins Gemeinwesen" in: Gemeinsam leben 17. Jg. Heft 3 (2009) S. 132–138.

Tolmein, Oliver: „Die deutsche Rechtslage entspricht den Anforderungen…Die UN-Konvention der Rechte von menschen mit Behinderungen" in: Orientierung 33. Jg. Heft 1 (2009) S. 17–19.

Waldschmidt, Anne: „Selbstbestimmung als behindertenpolitisches Paradigma Perspektiven der Disability Studies" in: Aus Politik und Zeitgeschichte" (Beilage zur Wochenzeitung „Das Parlament") B8 (2003), S. 13–20.

Wocken, Hans: „Leistung, Intelligenz und Soziallage von Schülern mit Lernbehinderungen. Vergleichende Untersuchung an Förderschulen in Hamburg" in: Zeitschrift für Heilpädagogik 51. Jg Heft 12 (2000) S. 492–503.

Wocken, Hans: „Von der Integration zur Inklusion. Ein Spickzettel für Inklusion" in: Gemeinsam leben 17. Jg. Heft 4 (2009) S. 216–219.

Wocken, Hans: „Architektur eines inklusiven Bildungssystems. Eine bildungspolitische Skizze" in: Gemeinsam Leben 18. Jg. Heft 3 (2010a) S. 167–178.

Wocken, Hans: „Was ist inklusiver Unterricht? Eine Checkliste zur Zertifizierung schulischer Inklusion" In: Gemeinsam leben 18. Jg. Heft 4 (2010b) S. 203–208.

Wocken, Hans: „Zur Philosophie der Inklusion. Spuren, Eckpfeiler und Wegmarken der Behindertenrechtskonvention" in: Teilhabe. Die Zeitschrift der Lebenshilfe. 50. Jg. Heft 2 (2011) S. 52–59.

Wunder, Michael: „Die UN-Konvention zu den Rechten Behinderter – ein Prüfstein für den zukünftigen Umgang mit Menschen mit Behinderung oder psychischer Erkrankung" in: Zeitschrift für Inklusion, Nr. 2 (2009) Demokratisches Denken in der Pädagogik. http://www.inklusion- online.net/index.php/inklusion/article/view/37/44 (Stand: 04.08.2011)

Internetressourcen

Barnes, Collin: Independent Living, Politics and Implications (2003) Verfügbar unter: http://www.independentliving.org/docs6/barnes2003.html#english (Stand: 18.04.2011).

Boban, Ines/Hinz, Andreas: „Index für Inklusion. Lernen und Teilhabe in der Schule der Vielfalt entwickeln" Halle (2003) Verfügbar unter: http://www.eenet.org.uk/resources/docs/Index%20German.pdf (Stand: 12.10.2010).

Brown, Steven E.: „Creating a Disability Mythology" (1992) verfügbar unter: http://www.independentliving.org/print/520 (Stand 18.04.2011).

Bundesministerium für Justiz: „Grundgesetz für die Bundesrepublik Deutschland" (2010) verfügbar unter: http://www.gesetze-im-internet.de/bundesrecht/gg/gesamt.pdf (Stand: 03.08.2011).

Geyer, Christian: „Inklusionsdebatte: Keine Schule für alle" in: Frankfurter Allgemeine Zeitung vom 03.08.2011 Verfügbar unter: http://www.faz.net/aktuell/feuilleton/inklusionsdebatte-keine-schule-fuer-alle-11111806.html (Stand: 06.10.2011).

Hasler, Frances: „Philosophy of Independent Living" (2003) verfügbar unter: http://www.independentliving.org/docs6/hasler2003.html (Stand 18.04.2011).

Hinz, Andreas: „Inklusive Pädagogik und Disability Studies – Gemeinsamkeiten und Spannungsfelder Überlegungen in neun Thesen" Verfügbar unter: http://www.zedis.uni-hamburg.de/wpcontent/uploads/2008/05/hinz_thesen_inkled_disabstud.pdf (zuletzt Stand:15.10.2010).

Netzwerk Artikel 3: „Schattenübersetzung: Korrigierte Fassung des Übereinkommens über die Rechte von Menschen mit Behinderungen" Verfügbar unter: http://www.werkstattrat-nrw.de/mediapool/53/533445/data/UN-Konvention_schattenuebersetzung-endgs.pdf (Stand: 03.08.2011).

United Nations: „Convention on the Rights of Persons with Disabilities".
Verfügbar unter:: www.un.org/disabilities/convention/conventionfull.shtml (Stand: 03.08.2011).

www.ingramcontent.com/pod-product-compliance
Lightning Source LLC
Chambersburg PA
CBHW050140240426
43673CB00043B/1749